Diana Cooper

# Der spirituelle Lebens-Ratgeber

Im Einklang mit dem Universum
fühlen, denken, handeln

Aus dem Englischen
von Gisela Merz-Busch



Ansata

Die englische Originalausgabe erschien 2000
unter dem Titel »A Little Light on the Spiritual Laws«
im Verlag Hodder and Stoughton, London

FSC
Mix
Produktgruppe aus vorbildlich
bewirtschafteten Wäldern und
anderen kontrollierten Herkünften

Zert.-Nr. SGS-COC-1940
www.fsc.org


Verlagsgruppe Random House FSC-DEU-0100
Das FSC-zertifizierte Papier *München Super* für Bücher
aus dem Ansata-Verlag liefert Mochenwangen Papier.

Sonderausgabe 2005

Ansata Verlag
Ansata ist ein Verlag der Verlagsgruppe
Ullstein Heyne List GmbH & Co. KG

ISBN-10: 3-7787-7298-8
ISBN-13: 978-3-7787-7298-0


Umschlaggestaltung: Hauptmann und Kompanie
Werbeagentur, München – Zürich
unter Verwendung eines Motivs von Ateet Frankl
Gesetzt aus der Horley Old Style light
bei Franzis print & media GmbH, München
Druck und Bindung: GGP Media GmbH, Pößneck

# Inhalt

## Die Gesetze des höheren Gewahrseins



## Die Gesetze höherer Frequenz

# Einführung

Das Leben auf der Erde ist ein Mannschaftsspiel: Von entscheidender Bedeutung ist, die Regeln zu lernen, so daß man mitspielen und seinen Beitrag leisten kann. Ein Fußballspiel würde schließlich zu einem total beliebigen Durcheinander, täte jeder, was er wollte. Deshalb bringt man den Spielern die Spielregeln bei, bevor sie das Spielfeld betreten.

Auf dieselbe Weise lehrt man uns die spirituellen Gesetze, bevor wir geboren werden. Verstehen und befolgen wir sie, dann können wir den Himmel auf Erden schaffen. Doch das Leben auf Erden ist zu einem beliebigen Durcheinander geworden, weil die Menschen die Regeln vergessen oder sich entschieden haben, sie nicht zu beachten. Dieses Buch ruft uns diese spirituellen Gesetze wieder ins Gedächtnis und läßt sie uns begreifen.

Seit Tausenden von Jahren haben die Menschen das Spiel wie eine Horde Kinder gespielt. Ihre Beziehungen beruhten auf dem Bedürfnis und Verlangen nach Kontrolle, wobei der Erfolg am materiellen Gewinn und Besitz gemessen wurde. Ärger, Verletztsein und Furcht waren die vorherrschenden Gefühle, weil die Menschen sich nur auf physische und sexuelle Empfindungen konzentrierten.

Nehmen die Menschen sich zu ernst, dann kritisieren und

beurteilen sie sich selbst und andere. Viele sind gestreßt und verlieren ihre Beherrschung. Oft meinen die Menschen, sie müßten ihr Dasein rechtfertigen oder ihre Überlegenheit beweisen, so daß das Leben zu einem Machtkampf wird und Disharmonie überwiegt.

Das ist das alte Paradigma für das Leben auf der Erde.

Es ist Zeit für einen Wandel. Göttliche Unzufriedenheit dringt in die Herzen der Menschen. Das Bewußtsein der Massen auf Erden wandelt sich, so daß die Menschen sich nicht länger mit Mangel und Gier zufriedengeben. Wir wollen eine bessere Lebensweise.

Um dies verwirklichen zu können, müssen wir die Regeln lernen, zusammenarbeiten und unser Spiel wieder in geordnete Bahnen lenken. Wir bereiten uns darauf vor, in eine höhere Liga aufzusteigen, und sind im Begriff, als Kollektiv in eine höhere Dimension überzugehen. Dabei kommen alte Gewohnheiten und ungelöste Probleme an die Oberfläche, damit wir sie überprüfen und auflösen können, um Platz für das Neue zu machen. Soziale Strukturen beginnen zusammenzubrechen. Monarchien, Parlamente, die Großindustrie, die Finanzwelt und alle dinosaurierhaften Institutionen sind dabei, sich zu wandeln oder ausgelöscht zu werden. Viele Kriege sind Geschwüren ähnlich: Verärgerung hat sich zu Feindschaft entzündet und wird jetzt wie Eiter aus einem Geschwür ausgeschieden.

Viele haben inzwischen durch harte Arbeit, Kooperation und Disziplin die oberste Liga erreicht. Sie spielen unter den Augen der ganzen Welt im Pokalfinale und liefern Inspiration für alle. Hast du diese Ebene erreicht, dann sorge dich nicht um die, die immer noch die Regeln mißachten. Gib lieber ein Beispiel dafür, wie das Spiel gespielt werden kann.

Befolgen wir die spirituellen Gesetze, dann können wir Erleuchtung erlangen. Wir erfahren ein Gefühl des Einsseins und führen ein Leben voller Liebe, Mitgefühl und Vertrauen. Wir werden Meister, folgen unserer eigenen Führung und gestatten es uns nicht, uns von jemand anderem beirren zu lassen. Unsere größte Freude ist es, der Menschheit und dem Universum zu dienen.

Dies ist der Himmel auf Erden. Das Leben wird fröhlich, friedlich und harmonisch. Wir arbeiten mit anderen zusammen und geben anderen Kraft. Wir verzichten auf unsere egoistischen Wünsche und leben für das Göttliche.

Die Erde ist eine Ebene des freien Willens. Wir können wählen, ob wir die Gesetze befolgen wollen oder nicht. Allerdings: Wir ernten die Belohnung, wenn wir es tun, tragen aber auch die unangenehmen Konsequenzen, wenn wir es nicht tun.

Die Menschen fragen oft, wieviel freien Willen wir tatsächlich haben und wieviel von dem, was uns widerfährt, unvermeidlich ist. Dein höheres Selbst trifft gewisse Entscheidungen, bevor du auf die Welt kommst. Deine Seele trifft diese Wahl im Hinblick darauf, welche Erfahrungen du für deine Entwicklung benötigst. Du kannst wählen, bei schwierigen Eltern geboren zu werden, weil sie die Herausforderung verkörpern, die deine Seele braucht. Auch wenn du dies vielleicht als lächerlich abtust, betrachtet deine Seele dein Leben aus einer übergeordneten Perspektive. Du kannst der Person begegnen, die du heiraten wirst, weil du das Karma hast, etwas zurückzahlen zu müssen, oder weil du dir das Recht auf gemeinsames Glück verdient hast. Vielleicht stirbt eines deiner Kinder, weil deine Seele die Erfahrung des Verlusts braucht. Dein Leben mag aufgrund unerwarteter Ereignisse völlig aus den Fugen geraten, wenn du dreißig bist.

Das alles sind Entscheidungen, die bereits vor deinem Leben getroffen werden, und Erfahrungen, die deshalb unvermeidlich sind. Doch hast du die freie Wahl, wie du jeweils mit diesen Umständen umgehen willst, und kannst in allen anderen Dingen des Lebens freie Entscheidungen treffen.

Das ist etwa so, als kaufte man ein Ticket für eine Reise rund um die Welt. Es gibt gewisse Zwischenstopps und feste Buchungen, denen du zustimmst, bevor du losfährst. Was du während der übrigen Zeit tust, ist jedoch allein deine Sache.

Wenn du die spirituellen Gesetze befolgst und dein Spiel auf eine höhere Ebene hebst, wird dir deine Mission auf dieser Erde offenbart. Wenn du eine Vision davon hast, was du während deiner Reise auf Erden vollbringen willst, werden deine Klarheit und deine Zielsetzung dich mit Freude erfüllen.

Wir bereiten uns auf das Jahr 2012 oder in etwa diesen Zeitpunkt vor, zu dem es ein Massenerwachen menschlichen Bewußtseins geben wird. Dann wird ein Quantensprung stattfinden: Einmal alle zehn Millionen Jahre gibt es einen Augenblick der Stille, einen Augenblick totalen Schweigens im Universum. In jenem Augenblick kommt es zu Wandlungen, die unser Verständnis überschreiten, und wir haben absolut keinen Begriff von der Ungeheuerlichkeit dessen, was uns in diesem Augenblick erwartet.

Der Kalender der Maya-Zivilisation endet im Jahre 2012, denn sie konnten nicht voraussehen, was nach dem großen Erwachen geschehen wird. Das Jahr 2012 markiert das Ende des Lebens, wie wir es kennen. In der gesamten Geschichte unseres Planeten hat es niemals eine so günstige Gelegenheit für spirituelles Wachstum gegeben wie diese. Deine Aufgabe ist es, dich darauf vorzubereiten und für diesen großen Sprung bereit zu sein. Hör auf, verwirrt und ängstlich im Irrgarten des Lebens umherzuwandern. Jetzt ist die Zeit gekommen, voller Vertrauen und zielbewußt in eine neue Arena zu wandern.

Mit diesem Buch gebe ich dir einen einfachen Leitfaden in die Hand, der dich auf deinem Weg vom Anfänger zum Topspieler begleiten kann; er wird dich in die Lage versetzen, das Leben zu meistern.

*Folge
den spirituellen Gesetzen,
und du wirst
den Himmel auf Erden
bringen.*

# Ein Überblick über den spirituellen Plan

Wir alle nehmen körperliche Gestalt an, um das Leben in einem physischen Körper zu erleben. Unsere Erde ist eine Mysterienschule, ein Ort, wo uns Lektionen in Form von bestimmten Situationen oder Menschen präsentiert werden. Die Art, wie wir mit den Umständen unseres Lebens umgehen, bestimmt, ob wir unser Examen bestehen oder nicht. Reagieren wir auf alle unsere Prüfungen mit Mitgefühl, Stärke und Verständnis, dann werden wir zum Meister.

Das Ziel eines jeden, der sich auf Erden inkarniert, ist der Aufstieg oder die Erleuchtung, was die totale Beherrschung aller hier gebotenen Lektionen beinhaltet. Das kann viele Lebenszeiten erfordern, denn wenn wir einander verletzen oder Schaden zufügen, erzeugt dies ein Karma, das wir wie eine Schuld zurückzahlen müssen. Oft kann es sein, daß unsere Seele unsere Rückkehr zur Erde fordert, damit wir denselben Menschen und ähnlichen Situationen begegnen, um bestimmte Herausforderungen erneut zu erleben oder ungelöste Probleme zu lösen.

Unsere Erde ist eine ganz besondere Lehranstalt im Universum: Hier werden uns Lektionen zu Sexualität, Emotionen und Finanzen geboten, die nirgendwo anders verfügbar sind. Und wir besitzen hier einen physischen Körper, der unseren mentalen und emotionalen Zuständen entspricht.

Wenn wir geboren werden, vergessen wir unsere spirituellen Verbindungen und unsere vergangenen Erfahrungen auf der Erde oder anderswo. Doch wir gehen den Pfad des Lebens nicht allein: Jeder hat einen Schutzengel, der während des ganzen Lebens bei ihm bleibt. Engel sind reine spirituelle Wesen aus höheren Dimensionen, die nur selten einen physischen Körper annehmen. Unser Schutzengel beschützt uns, ermutigt uns oder ist die Stimme unseres Gewissens. Sind wir bereit dazu, so können wir auch andere Engel anziehen – für einen bestimmten Zweck oder damit sie mit uns zusammenarbeiten.

Jedermann hat auch einen spirituellen Führer, der schon auf der Erde gelebt und sich nach seinem Tod aus freien Stücken bereit erklärt hat, sich als Führer ausbilden zu lassen, um jenen zu helfen, die noch hier sind. Dein spiritueller Führer wird von dir angezogen, entsprechend dem Licht, das du ausstrahlst, und während du dich veränderst, werden verschiedene Führer zu dir kommen. Eine höherentwickelte Person etwa wird auch größere Führer anziehen. Wir haben viele Führer, die uns bei den verschiedenen Aspekten des Lebens behilflich sind, und wir haben auch Helfer: Das sind gewöhnlich die Geister von Menschen, die uns im Leben geliebt haben und uns nach ihrem Tod beistehen wollen.

Während deine Engel und Führer sich im Alltagsleben um dich kümmern, gibt es viele bedeutende Engel, die in der Engelshierarchie höher gestellt sind, insbesondere die Erzengel, Fürsten und Mächte, die auf Erden über den Plan wachen. Außerdem gibt es noch die Aufgestiegenen Meister, die bereits die Lektionen der Erde gemeistert haben und dem ganzen Planeten bei seiner Entwicklung helfen. Wir können sie durch Gebet oder Meditation um Hilfe bitten. Das Oberkommando über alles hat die *Quelle*, bekannt als Gott, Brahman, der Schöpfer, die Gottheit oder das Göttliche.

Wir können jeden dieser unsichtbaren Geister um Hilfe bitten, und sie werden tun, was sie innerhalb der Möglichkeiten der spirituellen Gesetze tun können.

Wir sind multidimensionale Wesen; eine Dimension ist ein Frequenzbereich: Das bedeutet, daß ein Teil von uns in negativen Emotionen im Niederfrequenzbereich feststecken kann, während ein anderer Teil Mitgefühl und Liebe ins Universum ausstrahlt. Vereinfacht könnte man sagen, die erste Dimension ist das Königreich der Minerale, in dem neue Ideen wurzeln. Die zweite Dimension ist die Pflanzenwelt, die Licht braucht, um zu wachsen – Licht enthält spirituelle Information und Wissen. Die dritte Dimension ist das Reich der Tiere. Sehr materialistisch und negativ denkende Menschen befinden sich ebenfalls in dieser dimensionalen Frequenz und haben oft ihre göttlichen Bindungen vergessen. Unser Planet bewegt sich jetzt in die vierte Dimension: Auf dieser Frequenz beginnen die Menschen sich an frühere Leben zu erinnern und an die Wahrheit darüber, wer sie sind. Das Herz beginnt, sich bedingungsloser Liebe zu öffnen.

Um in die Frequenzen der fünften Dimension zu gelangen, müssen die Menschen sich selbst und anderen vergeben haben; Furcht und negatives Denken müssen transformiert sein. Hier haben wir das Einssein verstanden. Die sechste Dimension ist die Frequenz, zu der wir aufsteigen, wenn wir unseren physischen Körper nach dem Aufstieg verlassen und unseren Lichtkörper für umfassendere Dienste in den Universen reinigen. Die siebte Dimension ist als der siebte Himmel bekannt: Dies ist der Bereich, in dem sich die höheren Aufgestiegenen Meister und die meisten Engel aufhalten.

Deine Seele ist ein höherer Aspekt deines Selbst, der alle Erfahrungen deiner Reisen durch viele Ebenen der Existenz umfaßt. Ein Teil deiner Seele, dein persönliches Selbst, wurde zum Lernen auf die Erde gesandt – und während dein höheres Selbst oder deine Seele weiß, daß du ein spirituelles Wesen in einem menschlichen Körper bist, hat dein niederer oder Persönlichkeitsaspekt das vergessen. Deine Aufgabe auf

Erden ist es, dich zu erinnern, wer du bist. Viele Menschen befinden sich in einem seelischen Schlaf und sind sich nicht bewußt, daß sie spirituelle Wesen sind. Ihr höheres Selbst schickt ihnen deshalb Schwierigkeiten und Schmerzen, die sie dazu aufrufen, sich auf die Suche nach der Wahrheit zu machen und diese zu erforschen.

In unserer Epoche hat sich ein Fenster günstiger Gelegenheit für spirituelles Wachstum geöffnet. Viele Seelen verspüren den Wunsch, sich zu inkarnieren und diese Gelegenheit zu nutzen. Wir haben die Chance, alle unsere karmischen Schulden zu begleichen und unsere Lektion zu lernen. Heute steht uns mehr spirituelle Anleitung und Hilfe zur Verfügung als je zuvor, so daß wir schnell aufsteigen können. Damit wir das tun können, sollten wir die spirituellen Gesetze verstehen, so daß wir auf unserer Reise mit Klarheit und Verständnis fortschreiten können.

# Die Grundgesetze des Lebens

# Kapitel 1
# Wie oben, so unten

Wie oben, so unten. Das ist das erste Gesetz des Universums. Wie im Himmel, also auch auf Erden.

Eltern lieben alle ihre Kinder gleich, seien sie Babys, Kleinkinder oder Erwachsene. Du glaubst an sie, selbst wenn sie vielleicht gerade eine schwierige Lebensphase durchmachen. Eine Mutter mag wegen des Benehmens ihrer kleinen Kinder sorgenvoll den Kopf schütteln, doch sie richtet nicht über sie.

Die Eltern eines Kindes lieben es nicht weniger, weil es eifersüchtig auf sein kleines Schwesterchen ist. Sie verstehen das und versuchen dem Kind zu helfen, mit seinen widersprüchlichen Gefühlen fertig zu werden. Wenn es älter ist, dann hören sie auch nicht auf, es zu lieben, weil es Schwierigkeiten mit seinen Schulaufgaben hat. Sie bieten Hilfe an.

Gott hört nicht auf, dich zu lieben. Er richtet auch nicht über dich; vielmehr ermutigen dich Seine Engel und helfen dir.

*Das Universum liebt dich und bewahrt eine Vision deiner Zukunft als erleuchtete Person, ganz gleich, welche Fehler du auf Erden machst.*

Kluge Eltern lenken ihre Kinder sanft und ermutigen sie, ihre Talente zu entwickeln. Zugleich lassen sie ihnen die Freiheit, aus den eigenen Fehlern zu lernen. Je sensibler ein Kind ist, desto mehr Freiheit der Wahl gewährst du ihm.

Wir können nicht immer verhindern, daß unsere Kinder unter den Folgen ihrer Handlungen leiden müssen. Kinder mit starkem Willen folgen ihren eigenen Wünschen und bringen sich damit in Schwierigkeiten. Hast du schon einmal ein Kleinkind beobachtet, das fest entschlossen ist, den heißen Ofen zu berühren, obwohl du ihm ein Dutzend Mal gesagt hast, daß das weh tun wird? Oft ist es nur die Erfahrung des Schmerzes, die es ihm erlaubt zu lernen.

Auch uns ist freie Wahl gegeben. Wie kluge Eltern wird das Göttliche einschreiten und versuchen, uns zu lenken, wenn wir allzuweit vom Weg abzukommen drohen. Doch Gott wird uns gemäß dem spirituellen Gesetz nicht zwingen, Seinen Willen zu tun. Sind wir auf die Hölle erpicht, dann wird er sich zurückhalten und uns erlauben, auf die harte Weise zu lernen.

Wie in jeder Familie werden junge Seelen sorgsam von Gott behütet, während entwickelte Seelen die Verantwortung für sich selbst tragen.

*Während wir Erfahrungen sammeln und lernen,*
*wartet das Universum, ohne zu richten.*
*Sobald wir bereit sind, öffnet es neue Türen.*

Möchtest du, daß diejenigen, die du liebst, glücklich, erfüllt, wohlhabend und gesund sind? Natürlich tust du das, wenn du sie wirklich liebst. Auf die gleiche Weise will auch die *Quelle*, daß du, Sein geliebtes Kind, glücklich, erfüllt, wohlhabend und gesund bist.

Ich unterhielt mich mit einer Frau, die sich schuldig fühlte, weil sie in ihrem Beruf so glücklich war. Irgendwie meinte sie, Gott müsse es mißbilligen, daß ihre Arbeit ihr so viel Freude machte! Das Gegenteil trifft zu.

*Bist du glücklich, dann ist der Himmel froh.*
*Gottes Wille ist, daß du etwas tust, was dir Freude macht,*
*Erfüllung bringt und ein Gefühl für den eigenen Wert schenkt.*

Weise Eltern bieten ihren Kindern Anleitung an und versetzen sie in die Lage, freie Entscheidungen zu treffen. Ignorieren die Kinder diese Anleitung, dann unterstützen liebende Eltern sie bei allem, wozu sie sich entschließen.

Auch Gott bietet uns Anleitung an, in Träumen, bei der Meditation oder durch die Anstöße der Intuition. Er läßt uns völlig freie Hand, ob wir dies akzeptieren oder nicht, und unterstützt uns vorbehaltlos, welchen Weg auch immer wir einschlagen. Er ist nicht darauf fixiert, daß wir eine ganz bestimmte Wahl treffen.

Auch wenn du die freie Wahl hast, sehnt deine Seele sich doch danach, daß du den Pfad größten spirituellen Wachstums einschlägst. Die meisten von uns müssen aus Erfahrung lernen, daß törichte, selbstsüchtige Entscheidungen zu Krankheit, Versagen und Elend führen.

Oft müssen wir durch eine harte Schule herausfinden, daß Unglück das unvermeidliche Resultat ist, wenn wir motiviert von unserem niedrigen Willen, unserem selbstsüchtigen Verlangen handeln.

John war ein altmodischer, autoritärer Typ, hochgewachsen, brummig, wenn man ihm in die Quere kam, und jovial, wenn man ihm seinen Willen ließ. Sein Großvater hatte das Familienunternehmen gegründet, vererbte es seinem Vater und dieser dann ihm. John setzte voraus, sein Sohn Ronald werde es eines Tages übernehmen; Ronald wollte jedoch

Musiker werden und war auch sehr talentiert. Der Vater John war äußerst unnachgiebig. Er machte die Musikalität seines Sohnes lächerlich und tat alles in seiner Macht Stehende, den Sohn zu manipulieren und ihn emotional zum Eintritt in die Firma zu erpressen. John behauptete stets, er handele im besten Interesse seines Sohnes, denn niemand könne als Musiker einen respektablen Lebensunterhalt verdienen. Er sagte, er versuche nur, Ronald vor Kummer und Enttäuschungen zu bewahren.

Johns kontrollierendes Verhalten beruhte auf Angst. Kein Wunder, daß er ständig gereizt war und mit seiner Ehefrau wie mit seinem Sohn stritt. Diese Faktoren nagten am Zustand seines Herzens. Schließlich beschloss Ronald, vollständig mit seiner Familie zu brechen, um sich ganz seiner Musik zu widmen. Sein Vater fühlte sich allein gelassen, krank und unsicher, bedingt durch seine eigenen Handlungen, durch die er sich den anderen entfremdet hatte. Genau diese Gefühle waren es, die er eigentlich durch die Beherrschung seines Sohnes zu vermeiden suchte.

Kluge Eltern ermutigen ihr Kind, sein Talent zum Ausdruck zu bringen, und sind nicht versessen darauf, daß das Kind einen bestimmten Weg geht. Durch Furcht motivierte Entscheidungen rühren von unserem niederen Willen her. »Dein Wille geschehe« bedeutet „Hilf mir, Entscheidungen aus meinem höheren Selbst heraus zu treffen«. Weise, mutige Entscheidungen führen zu Glück, Gesundheit und Wohlstand.

*Entscheidungen, die Liebe, Harmonie und Freude fördern, kommen vom höheren oder göttlichen Willen und stärken uns immer.*

Wir alle mögen es, geschätzt zu werden. Dankt uns jemand aus dem Grund seines Herzens für etwas, das wir getan haben, dann empfinden wir stets ein Gefühl der Befriedigung und Freude und möchten oft noch mehr geben. Und so ist es auch oben: Der Himmel lächelt auf uns herab, wenn wir das, was wir erhalten haben, schätzen und uns dafür bedanken. Die Mächte des Universums werden uns dann noch mehr schicken.

Viele Leute erzählen mir, daß sie ihre Engel um Hilfe anflehen und nicht begreifen, warum die Hilfe nicht kommt. Nehmen wir ein Beispiel aus dem Erdenleben: Dein Kind bittet dich quengelnd um Hilfe bei seinen Schularbeiten. Ich wette zehn zu eins, daß du dich erschöpft und absolut abgeneigt fühlst, dem nachzukommen. Kein Wunder, daß Engel selbstsüchtigen Hilferufen nicht Gehör schenken. Bittet dein Kind dich jedoch auf nette Weise und spürst du, daß es bereit ist, deine Hilfe anzuerkennen, dann bist du zweifellos freudig bereit, sie zu gewähren. Dasselbe gilt auch für die Mächte des Lichts.

*Sobald du bereit bist, etwas vom Universum entgegenzunehmen, bitte ruhig und auf angenehme Weise darum.*
*Man wird erfreut sein, es dir zu gewähren.*
*Würdige es, wenn du es erhältst.*

Es ist abstoßend, mit einer negativen Person zusammen zu sein. Versuchst du jemandem zu helfen, der es vorzieht, in Trübsal zu schwelgen, dann wirst du ihn wohl nach einer Weile stehenlassen. Wenn dir etwas an ihm liegt, kannst du ihn aber aus einer gewissen Entfernung im Auge behalten. Genau das gilt auch für den Himmel.

*Die Engel finden es schwierig, durch dein hartnäckiges negatives Verhalten einen Zugang zu dir zu finden. Sie können dann nur in gewissem Abstand bereitstehen, dir zu helfen.*

Ist jemand freundlich zu dir oder deinen Tieren, dann erwärmst du dich für ihn. Bist du gütig zu dir selbst oder irgendeinem der Geschöpfe Gottes, dann erwärmt sich das Universum für dich. Ist jemand begeistert, dann fühlst du dich angesteckt und zum Handeln motiviert. So ist es auch mit der Energie des Universums. Sie wird deine Leidenschaft unterstützen. Glaubt jemand an dich, dann wirst du dich bemühen, seinem Glauben gerecht zu werden. Glauben wir an Gott, dann antwortet er auf unseren Glauben. Wir reagieren auf Großzügigkeit. Gott tut es auch.

Du kannst weise Eltern nicht manipulieren oder mit ihnen feilschen. Du kannst Gott nicht manipulieren oder mit ihm feilschen.

*Gottes Herz*
*wird von denselben Dingen berührt*
*wie das des Menschen.*

# Kapitel 2
# Wie innen, so außen

Die Erde ist ein Ort des Lernens, an dem unsere Lektionen uns dadurch präsentiert werden, daß unsere äußere Welt zu einem genauen Spiegelbild unserer inneren Welt gemacht wird.

Bist du innerlich verärgert, selbst wenn du diesen Ärger vielleicht so tief vergraben hast, daß du dir seiner nicht bewußt bist, dann wirst du in deinem Leben ärgerlichen Menschen begegnen. Sie spiegeln deinen verleugneten Ärger auf dich zurück.

Hast du ein tiefes Gefühl des Verlassenseins, das durchaus in einem anderen Leben seinen Ursprung haben kann, dann werden die Menschen es auf dich reflektieren. Vielleicht verlassen sie dich, ziehen sich gefühlsmäßig zurück oder sterben sogar.

Bist du selbstkritisch und plagst dich selbst mit deinen Gedanken, dann wirst du Menschen begegnen, die dies reflektieren, indem sie dich verachten oder sogar physisch bedrängen.

Ein Mensch, der sich sicher, geliebt und innerlich glücklich fühlt, wird auch ein sicheres und glückliches Leben führen, umgeben von Menschen, die ihn lieben. Deine innere Integrität wird von deiner Umgebung auf gleiche Weise vergolten. Die Menschen um dich herum werden kreativ, großherzig, ehrlich oder bescheiden sein in dem Maße, wie auch du selbst es bist.

---

*Das Universum formt sich selbst so, daß es deine Wirklichkeit reflektiert. Es ist buchstäblich so: wie innen, so außen.*

---

Bob und Margarete hatten ihre Beziehung beendet und Streit miteinander. Er erzählte ihr und allen anderen immer wieder, er wolle Frieden mit ihr schließen. Sie war nicht interessiert und griff ihn jedesmal, wenn sie sich sahen, verbal an. Bob war verzweifelt: Er haßte Streit und wußte einfach nicht, wie er Frieden in die Situation bringen konnte.

Eines Tages nahm ein sehr kluger Freund Bob beiseite und sagte ihm: »Bob, sie fühlt sich durch dich bedroht. Sie ist noch nicht bereit, Frieden zu schließen. Das einzige, was du tun kannst, ist Frieden in dir selbst zu finden.« Das war für ihn eine solche Offenbarung, daß er weinte, als er mir das erzählte. Das spirituelle Gesetz ist so einfach: Frieden im Innern führt zu Frieden in deinem Leben. Findet jedermann inneren Frieden, dann wird es automatisch Weltfrieden geben.

Dieses Gesetz ist auch für den physischen Körper anwendbar, denn innere Gefühle spiegeln sich darin wider, wie unser Körper sich formt. Fühlen wir uns innerlich emotional oder sexuell verwundbar, dann bilden wir vielleicht eine Schutzschicht aus Fett über unserem Bauch oder den Hüften – jenen Stellen, wo unsere Gefühle und Sexualität lokalisiert sind.

Fühlen wir uns auf einer inneren Ebene nicht wirklich liebenswert, dann bilden wir vielleicht einen kräftigen Brustkorb aus, um unser Herzzentrum zu schützen. »Macho«-Männer verbergen oft Gefühle von Verletzlichkeit hinter ihrem muskulösen Oberkörper.

Eine Frau mag unbewußt große Brüste entwickeln, um darauf hinzuweisen, daß sie andere umsorgen oder von anderen umsorgt werden will.

Haben wir in unserem Innersten das Gefühl, daß wir die Verantwortung für unsere Familie oder gar die ganze Welt schultern müssen, so werden wir breite Schultern entwickeln. Haben wir andererseits keine Absicht oder kein Verlangen danach, Verantwortung zu tragen, dann entwickeln wir schräg abfallende Schultern, von denen Lasten leicht abrutschen können. Dein Körper ist ein Spiegel deiner tiefen, oft unbewußten inneren Gefühle.

Verspürst du also Schmerzen im Nacken, dann frage dich: »Wem erlaube ich, mir so im Nacken zu sitzen?« Hast du dir selbst neue Kraft zugeführt, dann brauchst du an dieser Stelle keinen Schmerz mehr zu empfinden. Es ist auch möglich, daß du ein Schmerz für dich selbst bist. Dasselbe gilt auch für Rückenschmerzen: »Wer macht mir Schmerzen im Rücken?«, Schmerzen im Herzen: »Wem gestatte ich es, mich zu verletzen?«, Verdauungsbeschwerden: »Welche Erfahrungen kann ich nicht verdauen?«, allgemeinen Schmerz: »Nach wem oder wonach verlange ich so schmerzlich.« Kannst du schlecht hören, dann frage: »Was will ich nicht hören?« oder: »Wem will ich nicht zuhören?« Hast du eine steife Hüfte, dann frage dich: »Wie kann ich meine Einstellung zum Vorankommen ändern?«

Ich kannte George sehr gut. Er war ein junger Mann von großer Klugheit. Wenn er überhaupt einen Fehler hatte, dann den, daß er jedermanns Standpunkt verstehen konnte, so daß er nicht imstande war, sich vorzudrängeln oder wirklich einen eigenen Standpunkt einzunehmen. Er hatte es mit einem sehr schwierigen Geschäftspartner zu tun, der ihm immer wieder den Boden unter den Füßen wegzog. Die Situation drehte sich im Kreise. Eines Tages sagte er zu mir: »Meine rechte Hüfte ist so steif. Ich begreife nicht, was mit mir los ist.«

Steife Hüften spiegeln das Unvermögen wider, im Leben

voranzuschreiten. Die rechte Körperseite spiegelt Verhaltensweisen, die mit Männern, der Zukunft oder unserer Karriere zu tun haben. Die linke Seite zeigt unser Verhalten gegenüber Frauen aus der Vergangenheit oder aus unserem Familienleben. Das heißt, daß die Hüften von George ihm genau sagten, er verhalte sich seinem männlichen Geschäftspartner und der Zukunft seines Unternehmens gegenüber innerlich zu steif. Wir sprachen darüber, was er ändern könnte.

In der erstaunlichen Schule der Erde gibt uns das Leben ständig Gelegenheiten, etwas über uns selbst zu lernen. Deine Tiere werden deine inneren Eigenschaften zu dir zurückspiegeln. Wie sind deine Tiere? Welche Eigenschaften haben sie?

Sagen wir lachend, jemand sei genauso wie sein Hund, dann machen wir uns kaum klar, daß uns das nicht zufällig so vorkommt. Haben deine Tiere offenbar unterschiedliche Eigenschaften, dann spiegelt jede einzelne einen Teil deiner Persönlichkeit; deshalb ist dieses Tier auch in dein Leben getreten.

Ein Mensch, der sehr angenehm und ruhig zu sein scheint und dennoch ein aggressives und böses Tier besitzt, bringt seine grundlegenden ärgerlichen Gefühle nicht zum Ausdruck. Erscheint jemand ungepflegt und unsauber und besitzt dennoch ein prachtvolles Tier, dann steht er nicht in Verbindung mit der Großartigkeit seines Wesens. Das Gesetz ist einfach und präzise.

Auch unbelebte Gegenstände repräsentieren einen Aspekt ihres Besitzers. Fährt jemand einen zerbeulten, schmutzigen alten Klapperkasten, dann reflektiert dieser Wagen seinen inneren Zustand. Ein schicker, glänzender, sauberer Wagen ist die äußere Manifestation inneren Wertes. Ein Familienfahrzeug repräsentiert das zugrundeliegende kollektive Familiengefühl.

Die höheren Wesen, die sich deiner annehmen, veranlassen, daß die materiellen Objekte in deinem Leben sich entsprechend deinem inneren Zustand ablösen: Tropfende Hähne, Dächer, Heizkörper oder Autokühler in deinem äußeren Leben offenbaren leckende Gefühle im Innern, während wütende Feuer außen brennende Probleme im Innern spiegeln.

Unsere Führer reflektieren die kollektiven inneren Gefühle des Landes, in dem wir leben. Die Lehrer an unseren Schulen spiegeln unsere kollektiven inneren Gefühle über den Wert unserer Kinder wider. Strafanstalten, Parlamente, alle Aspekte unserer Gesellschaft spiegeln direkt die tiefsten Gefühle des Kollektivbewußtseins eines Volkes wider.

Wenn wir, die wir diesen Lehrgang auf Erden belegt haben, etwas in unserem Leben verändern wollen, dann müssen wir nach innen blicken, um unsere Anschauungen und Verhaltensweisen zu ändern, so daß auch unsere äußere Welt sich wandelt. Wollen wir die Gesellschaft verändern, so müssen genügend Menschen sich selbst ändern. Dies wird ausführlicher im Gesetz der Reflexion erörtert.

*Das Universum gestaltet sich um,*
*um dir das zu bringen,*
*woran du glaubst.*

# Kapitel 3
# Das Gesetz des Bittens

Das Spirituelle Gesetz besagt: Willst du Hilfe, so mußt du darum bitten.

Kommst du eilfertig herbei und mischst dich in die Angelegenheiten eines Freundes ein, weil du ihm helfen willst, dann ist dies ein schneller Weg, dessen Freundschaft zu verlieren.

Mehr noch: Hilfst du jemandem, der nicht darum gebeten hat, dann hinderst du ihn daran, seine Situation selbst zu klären; darin hätte aber sein Lernprozeß bestanden. Sehr wahrscheinlich hilfst du ihm dadurch, seine alten, nicht hilfreichen Verhaltensmuster fortzusetzen. Zwingst du jemandem deine Hilfe oder deinen Rat auf, dann nimmst du das Karma auf dich, wenn es schiefgeht. Es gilt als unhöflich, sich unaufgefordert einzumischen, und sehr wahrscheinlich wird deine Hilfe in einem solchen Fall unbeachtet oder ungewürdigt bleiben.

Droht jemand zu ertrinken, dann hilfst du ihm natürlich. Man geleitet eine blinde Person ja auch um ein Loch im Straßenpflaster herum. Man tröstet die Kranken und Vereinsamten. Bist du jedoch aufgebracht über die Schwierigkeiten, in die jemand sich selbst hineinmanövriert hat, dann ist das *deine* Sache. Es ist ein Hinweis darauf, daß du dich um dich selbst kümmern solltest, statt jemand anderen zu retten.

Mir werden immer wieder Fragen wie die folgenden gestellt: »Was kann ich für meine Tante tun? Seitdem ihr Ehemann gestorben ist, fühlt sie sich so elend, und ich versuche immer wieder sie zu überreden, neue Menschen zu treffen, aber sie will nicht.«

Die Antwort lautet: Wenn sie dazu bereit ist, wird sie dich bitten, ihr zu helfen. Bis es soweit ist, blicke in den Teil von dir hinein, der neue Menschen zu treffen wünscht, oder betrachte die Zurückweisung, die du verspürst, wenn sie deine Hilfe nicht akzeptiert.

»Ich bin verzweifelt über meine Tochter. Sie weigert sich, ihren Freund zu heiraten, und ich fürchte, sie wird sich nie verheiraten. Wie kann ich ihr helfen?«

Die Antwort lautet: Wenn deine Tochter sich erst einmal ihre eigenen Ängste angesehen hat, wird sie bereit sein. Vielleicht weiß sie in ihrem Innersten, daß dies nicht der richtige Mann für sie ist. Vielleicht weiß sie, daß du dich über diese Situation aufregst, und dies ist ihre Art, dich zu bestrafen. Sie könnte eine Million Gründe haben. Doch leistet sie dir eindeutig einen Dienst, indem sie etwas von deinen Angelegenheiten an die Oberfläche bringt. Wenn sie dich nicht um Hilfe bittet, dann hör auf zu versuchen, ihr zu helfen, und geh dem nach, was die Situation für *dich* bedeutet.

Bist du in einer schwierigen Situation in deinem Beruf, dann kann das Lernen und die Erfahrung, die du durch die Beschäftigung damit erlangst, das perfekte Sprungbrett sein, das du brauchst, um in deiner Laufbahn voranzukommen. Es bereitet dich für ein besseres Fortkommen vor. Du würdest nicht erwarten, daß irgend jemand einschreitet und die Sache in die Hand nimmt, ohne um Erlaubnis zu fragen. Das wäre eine Einmischung und würde dich daran hindern, für einen besseren Job bereit zu sein.

In den spirituellen Bereichen würde kein Engel oder höheres Lichtwesen auch nur davon träumen, sich in dein Leben einzumischen. Ja, sie werden dich vor einem schweren Unfall bewahren, wenn dieser nicht dein Karma ist, oder vor dem Tod, wenn deine Zeit noch nicht gekommen ist.

Doch sie werden abwartend mit großem Mitgefühl und Geduld im Hintergrund stehen und beobachten, wie du dich in größte Schwierigkeiten bringst, wenn es das ist, was du für dein Wachstum brauchst. Es wären nicht nur schlechte spirituelle Manieren, sich da einzumischen, sondern das würde dich auch daran hindern, stärker zu werden und mehr zu lernen.

Es gibt Zeiten, in denen es angemessen ist, um Hilfe zu bitten. Mit solchen Bitten meine ich nicht, daß man frustriert wie ein kleines Kind schreit oder weint wie ein Opfer, das keine Verantwortung für seine Handlungen übernehmen will. Mit einer solchen Bitte meine ich, daß man die Lage sorgfältig einschätzt und dann ruhig und mit Stärke um die benötigte Hilfe bittet.

*Sobald du wirklich bereit bist, um Hilfe zu bitten, bist du bereit, sie zu empfangen. Du bist bereit, die Weisheit zu akzeptieren, die damit verbunden ist. Dann werden sich die höheren Mächte verbünden, um dir zu helfen.*

Einige Leute rufen ständig laut: »Wann, was, wie, wer, wo?« Sie wollen die Antwort auf eine Frage nach der anderen wissen. Das sind dann eher Forderungen als Fragen. Sie kommen von einem Ort der Verzweiflung und des Verlangens, nicht von einem Ort der Zentriertheit und Offenheit. Wer beharrlich den spirituellen Weg beschreitet, der sucht die Antworten in sich. Sobald du bereit bist, etwas mehr zu wissen, wird der Lehrer erscheinen, um es dir zu geben. Das kann in Form eines Buches, einer Person oder einer Fernsehsendung geschehen. Bist du bereit, die Frage zu formulieren, dann bist du auch bereit, die Antwort zu wissen.

Du erwartest doch wirklich nicht, daß ein Anwalt, den du zum Abendessen eingeladen hast, dir Fragen über dein Testament stellt und dir dann schließlich beim Kaffee ein revidiertes Testament niederschreibt. Ebensowenig würde dein Nachbar, der Malermeister und Dekorateur ist, dich unaufgefordert aufsuchen und deine Wohnung renovieren. Das ist ebenso eine Einmischung, als wenn ein Heiler darauf besteht, deine Kopfschmerzen zu beseitigen oder dir Heilung zu verschaffen. Du magst vielleicht für jede dieser Dienstleistungen dankbar sein, doch widersprechen sie dem spirituellen Gesetz – es sei denn, du hättest darum gebeten.

Bietet jemand Hilfe an und du akzeptierst sie, dann ist das ein Vertrag. Bietet man sie dir immer und immer wieder an, bis du sie schließlich akzeptierst, dann ist das Belästigung. Dann drängt sich dir jemand auf.

Brauchst du Hilfe von den Engeln, von Jesus, den Aufgestiegenen Meistern oder von irgend jemandem in der spirituellen Hierarchie, dann werde zunächst ruhig und zentriere dich. Meditiere darüber, was du wirklich willst, und finde Klarheit. Dann frage die Wesen, an die du deine Bitte zu richten wünschst, nach der Hilfe, die du benötigst. Sie werden dir stets helfen.

Meine Tochter fühlte sich einst erschöpft, während sie zur Arbeit fuhr. Sie dachte: »Wie kann ich für den bevorstehenden Tag Energie bekommen?« Kaum hatte sie den Gedanken formuliert, als ein Wagen an ihr vorbeifuhr. Die Buchstaben auf dem Nummernschild waren AUM. Sie wußte nun, daß ihr eine Antwort gegeben wurde, denn *Aum* oder *Om* ist der geheiligte Laut des Universums und ein sehr mächtiges Mantra. Auf dem ganzen Weg zur Arbeit summte sie das *Aum*, und sie fühlte sich danach viel besser.

Denk daran: Die Antwort liegt in der Frage. Je klarer deine Frage ist, desto umfassendere Hilfe wirst du erlangen.

*Das Universum wartet darauf,*
*dir zu helfen.*
*Alles, was du tun mußt,*
*ist zu fragen.*

# Kapitel 4
# Das Gesetz der Anziehung

Ich erinnere mich daran, daß ich als Kind mit einem Magneten gespielt habe und von der Art und Weise fasziniert war, wie einige Gegenstände von ihm angezogen und andere abgestoßen wurden. Aber noch mehr Dinge schienen träge und dem Magneten gegenüber gleichgültig. Ich habe damals die Gesetze der Physik nicht verstanden, doch die Sache machte mir viel Spaß.

Wärest du am ganzen Körper mit Magneten bestückt, dann würdest du erwarten, daß einiges an dir hängen bleibt, anderes abgestoßen wird und wieder anderes überhaupt keine Reaktion zeigt.

In gewissem Sinne ist es genau das, was im Leben geschieht: Du übermittelst unbewußt deine Energie. Einige deiner Eigenschaften sind magnetisch und andere wirken abstoßend. Du hast alle Dinge und alle Menschen, die in deinem Leben existieren, zu dir hingezogen. Andere Dinge und Menschen hast du abgestoßen. Viele Situationen besitzen keine magnetische Anziehungskraft auf dich. So könnte es zum Beispiel sein, daß du den Zustand des Hungerleidens oder der Heimatlosigkeit nicht erfährst, weil du die Schwingungen nicht aussendest, die diese anziehen.

Ein Rundfunksender sendet auf einer bestimmten Frequenz. Jeder, der eine Sendung hören will, die auf dieser Frequenz gesendet wird, stellt sie ein. Du bist ein Sender. Du sendest das Spiel deines Lebens. Du schickst die Geschichte deiner Struktur in den Äther, deine emotionale Energie, deine Geistesverfassung, deine Widerstände, was du magst und was du nicht magst und vieles mehr.

Stell dir vor, du möchtest eine interessante Sendung hören. Es gibt Hunderte, die du einschalten kannst, und du zappst durch die verschiedene Kanäle, um eine zu finden, der du lauschen willst. Die meisten drehst du jedoch gleich wieder ab. Hin und wieder wird eine Sendung deine Aufmerksamkeit wecken: Sie kann sehr ernst sein oder lustig, langweilig oder interessant, gewalttätig oder friedlich. Irgend etwas daran bringt dich dazu, sie eingeschaltet zu lassen. Vielleicht magst du einige Aspekte, während andere dich abstoßen. Dennoch bleibst du daran hängen.

Auf dieselbe Weise ziehen wir Menschen an. Menschen, die auf unsere Frequenz nicht reagieren, werden von uns nicht angezogen. Sie gehen einfach vorbei.

Die Schwingung, die du aussendest, besteht aus deiner bewußten und unbewußten Energie – ein Teil davon abstoßend, ein anderer anziehend, wieder ein anderer neutral. Dem Phänomen der Anziehung liegt das Gesetz zugrunde: *Gleiches zieht Gleiches an*. Wir ziehen Menschen und Situationen in unser Leben hinein, deren Schwingungen den unseren ähnlich sind.

Negative Eigenschaften wie Begierde, Verzweiflung, Depression, Geiz, Unfreundlichkeit oder Gedankenlosigkeit werden auf einer niedrigen Frequenz übermittelt. Haben wir Elemente dieser Art in unserer Natur, dann werden wir jemanden mit ähnlicher Energie in unser Leben hineinziehen. Eigenschaften wie Liebe, Güte, Glücksempfindung, Freude oder Großzügigkeit übertragen eine hochfrequente Energie und ziehen Menschen mit ähnlicher Energie an.

Ich habe Menschen sagen hören: »Ich kann nicht verstehen, warum er in mein Leben getreten ist. Er ist so negativ und überhaupt nicht wie ich.« Oder: »Warum hat dieser Mensch mich betrogen? Ich bin doch so ehrlich!«

Das spirituelle Gesetz ist sehr präzise. Das Universum liefert uns Spiegel, in die wir schauen können. Schau dich um, und achte auf die Charaktere um dich herum. Sie wirken aus einem bestimmten Grunde mit im Spiel deines Lebens. Je vehementer wir leugnen, daß wir für einen ganz bestimmten Typ von Mensch oder Situation Magneten sind, um so drängender fordert unser höheres Selbst uns auf, auf unseren Schatten zu blicken. Dieser ist ein negativer Aspekt unseres Selbst, den wir leugnen.

Bist du bereit, eine Beziehung einzugehen, doch will dein Partner das nicht, dann blicke nach innen auf deine eigene Angst vor Beziehungen. Er oder sie würde sich einfach nicht so verhalten, wenn du deiner Sache hundertprozentig sicher wärest. In dem Augenblick, in dem du dir deine zugrundeliegende Haltung klarmachst, wird die andere Person entweder die Beziehung zu dir eingehen oder aus deinem Leben verschwinden und es jemand anderem erlauben, eine solche Beziehung mit dir aufzunehmen.

Die Person, die stets fröhlich und glücklich ist, jedoch von deprimierten Menschen umgeben zu sein scheint, hat diese angezogen, um deren inneres Unglücklichsein widerzuspiegeln. Sie dienen einem bestimmten Zweck, möglicherweise damit die Person sich gebraucht fühlen kann.

Verzweiflung stößt ab. Ein mir bekanntes Ehepaar hatte den verzweifelten Wunsch, ein Kind zu bekommen. Sie hatten alles versucht. Sie gingen überallhin. Es gab keinen organischen Grund, weshalb sie kein Baby bekommen sollten. Medial begabte Menschen sagten ihnen immer wieder, eine Seele warte bereits darauf, in sie einzugehen, doch stoße ihre Verzweiflung jede ankommende Seele ab. Sie beschlossen, diese Haltung aufzugeben und ihr Leben auch ohne ein Kind erfüllt zu gestalten. Sobald sie das taten, fand eine Energieverlagerung statt. Sie sandten eine Energie der Zufriedenheit aus, die einen Geist aus dem Universum anzog, und ganz plötzlich erwarteten sie ein Kind. Ähnliches geschieht oft, wenn jemand wegen eines Partners verzweifelt ist. Menschen nehmen die Verzweiflung auf einer subtilen Ebene auf und entfernen sich dann. Wandeln sie diese Energie in eine liebende, annehmende, offene Energie um, dann wird die richtige Person angezogen.

Unsere Grundüberzeugungen ziehen Situationen und Menschen zu uns hin. Bist du der Meinung, daß du nichts wert bist, so wirst du Menschen in dein Leben hineinziehen, die diese Anschauung auf dich zurückspiegeln, indem sie dich schlecht behandeln.

Glaubst du, du müßtest anderen dienen, dann ziehst du Menschen an, die es brauchen, daß man sich irgendwie um sie kümmert.

Bist du der Meinung, dich könne unmöglich jemand verstehen, dann wirst du Menschen anziehen, die dich nicht verstehen.

Eine Frau, die ständig Partner anzog, welche sie enttäuschten, erkannte, daß sie der grundlegenden Überzeugung war, es sei nicht sicher, anderen zu vertrauen. Diese Haltung führte dazu, daß sie ständig Menschen anzog, die sie täuschten. Als sie diese Überzeugung aufgab, zog sie einen vertrauenswürdigen Partner an.

Eine Frau namens Jane erinnerte mich irgendwie an einen smaragdgrünen Sumpf: Sie war an der Oberfläche sehr schön, trat man jedoch zu nahe an sie heran, dann wurde man in den Schlamm hineingezogen. Sie war temperamentvoll und fröhlich als Bekannte, in engen persönlichen Beziehungen wurde sie jedoch anspruchsvoll, unzufrieden, eifersüchtig und gab sich wie eine Diva. Natürlich sandte sie unbewußt nach außen die Botschaft aus, sie suche einen Schauspieler, der an diesem besonderen Spiel mitwirken wollte. Sie zog Männer an, die sich vom äußeren Erscheinungsbild täuschen ließen, und beklagte sich über den Männertyp in ihrem Leben. Die Männer wiederum beklagten sich über sie. Doch wurden sie unweigerlich von den Energien der anderen Seite angezogen, und das mußte so weitergehen, bis sie ihre Schwingungen änderte.

Übermittelt ein Mann die Botschaft: »Ich bin ein beherrschender Typ und suche eine Frau, die ich beherrschen kann«, dann wird er Frauen anlocken, die es anderen erlauben, sie zu dominieren; das wird mit einiger Sicherheit unbewußt geschehen. Eine kraftvolle Frau hingegen würde sich nicht in diese Schwingungen hineinziehen lassen. Der Mensch, der immer wieder denselben Personentyp in sein Leben zieht, sendet weiterhin dieselbe Botschaft aus.

Das Gesetz der Anziehung funktioniert auf vielen Ebenen. Lebst du nicht in Harmonie mit dem Leben, so magst du Nahrung anziehen, die dir schlecht bekommt. Trägst du dich mit selbstkritischen Gedanken, dann versetzt du dir selbst kleine Stiche. Vielleicht lockst du Mücken an, die dich stechen. Sie dienen als eine Reflexion der Energie, die du aussendest. Unterdrückst du Wut, dann forderst du vielleicht zum Angriff heraus. Natürlich können diese Dinge eine Vergeltung von Karma sein, also der unvermeidliche Ausgleich von Recht und Unrecht im Lauf des Lebens.

Wann immer du etwas tust, weil du fühlst, du müßtest oder solltest es tun, stehst du unter Zwang. Du wirst Situationen herbeiführen sowie Leute anziehen, die dich in Knechtschaft halten. Sendest du andererseits positive Energie aus, dann wirst du Hilfe anlocken, wenn du sie brauchst. Eine Freundin erzählte mir, daß sie sich auf dem Lande vollkommen verloren fühle. Sie sah vor sich auf dem Feld ein Tier und war nicht sicher, ob es ein Stier oder eine Kuh war. Während sie es zweifelnd anschaute, erschien aus dem Nichts eine Frau und sagte ohne weitere Vorbemerkung: »Es ist schon in Ordnung, das ist eine Kuh. Sie haben sich verirrt. Ich werde Ihnen den Weg zeigen.« Dann führte die Frau sie an dem Tier vorbei auf den richtigen Weg. Meine Freundin hatte die Hilfe angezogen, die sie in diesem Augenblick brauchte.

Hegst du negative Gedanken, dann ziehst du negative Situationen und Menschen an. Bist du krank, so wirst du in dem Augenblick, in dem du davon abläßt, dich ständig mit deiner Krankheit zu beschäftigen, den perfekten Heiler in dein Leben holen. Willst du, daß ein Projekt Erfolg hat, fühlst dich jedoch im Grunde dabei gelangweilt, bist ängstlich oder müde, dann wird die zugrundeliegende Energie dem Erfolg des Projekts entgegenwirken.

Wann immer irgend etwas sich nicht so entwickelt, wie du es erwartest, überprüfe deine zugrundeliegenden Gefühle, und ändere sie. Dann ziehe magnetisch das an dich, was du willst.

*Das Innere zieht das Äußere an. Ist etwas in deiner äußeren Welt nicht so, wie du es haben willst, dann schau nach innen, und verändere das, was du über dich selbst fühlst. Dann wirst du automatisch andere Menschen und Erfahrungen anlocken.*

Vermißt du zum Beispiel einen treuen Partner, dann sieh dir an, wie treu du selbst in der Liebe bist. In dem Augenblick, in dem du selbst zu treuer Liebe fähig bist, wird das Äußere sich wandeln und du wirst jemanden an dich ziehen, der in treuer Liebe zu dir steht.

Wenn du dich selbst erniedrigst und stets denkst, du seist nie gut genug, wirst du jemanden anziehen, der das mißbraucht, um dich zu erniedrigen. Erinnere dich an deine guten Eigenschaften, und ziehe jemanden magnetisch an, der dich schätzt.

Was hat es mit einem hochgebildeten spirituellen Menschen auf sich, der mit Drogenabhängigen oder gewalttätigen

Verbrechern arbeitet? Das geschieht, weil er in einem früheren Leben ein Abkommen getroffen hat, mit diesen Menschen zu arbeiten. Es kann aber auch eine karmische Konsequenz von etwas sein, das zu einer anderen Lebenszeit ungelöst blieb.

Und natürlich gibt es Fälle, bei denen Gegensätze sich anziehen. Jemand, der Licht ausstrahlt, mag dunkle Schwingungen auf sich lenken, wird von ihnen jedoch nicht wirklich berührt. Ein dunkler Ort wie etwa ein Gefängnis mag erleuchtete Menschen anziehen, die das Licht dorthin mitnehmen möchten.

Sende keine negative Energie aus, und warte nicht darauf, daß Unheil von dir angezogen wird. Sende positives Licht aus, und warte, daß du ein Wunder anziehst.

*Du bist ein Magnet.*
*Du ziehst das an,*
*was dir ähnelt.*

# Kapitel 5
# Das Gesetz des Widerstandes

Ich habe zwei Kinder beim Spielen beobachtet. Das kleine Mädchen hatte im Spielhaus des Gartens eine Teeparty angesetzt. Sie rief ihren Bruder zum Tee; als er jedoch an der Tür stand, warf sie sie vor seiner Nase zu und wollte ihn nicht einlassen. Das führte zu einem Streit, das kleine Mädchen wurde ärgerlich und versuchte, den Bruder am Eintreten zu hindern. Wir mögen über Kinder lachen und sagen, wie töricht sie sein können. Doch handeln wir im Leben oft so ähnlich.

Jedesmal, wenn wir uns auf etwas ganz und gar konzentrieren, rufen wir es zu uns. Mit unseren Gedanken und Meinungen laden wir Menschen, Situationen und materielle Dinge in unser Leben ein. Kommen sie, wenn wir sie nicht wirklich brauchen, dann versuchen wir, sie wieder wegzustoßen.

Ich plauderte einst mit einer Nachbarin, die mir erzählte, sie sei sicher, ihre Schwiegermutter werde Weihnachten bei ihnen verbringen und allen das Fest verderben. Sie sagte: »Ich sehe es genau vor mir. Es ist ein wahrer Alptraum.« Natürlich zogen ihre starken Bilder und Ängste unvermeidlich ihre Schwiegermutter herbei, während ihr Ärger die Tür vor ihr zuschlug. Meine Nachbarin benutzte ihre vitale Energie als Widerstand.

Viele Leute rufen das Gesetz des Widerstands an, ohne sich bewußt zu sein, was sie tun. Unser unbewußter Geist und der Universale Geist arbeiten genauso wie Computer. Man kann einem Computer nicht befehlen, ein bestimmtes Dokument *nicht* zu aufzurufen, denn er kann negative Anweisungen nicht entgegennehmen. Er wird annehmen, du willst dieses Dokument sehen, und es aufrufen.

Dein bewußter Geist kann zwischen einer negativen und einer positiven Anweisung unterscheiden, doch dein unbewußter Geist kennt den Unterschied nicht. Ist dein bewußter Geist vollauf mit Autofahren, Fernsehen oder sehr starker Konzentration auf irgend etwas beschäftigt, dann kann dein unbewußter Geist die Botschaft empfangen. Konzentriert sich ein Kind beispielsweise auf seine Schularbeiten, dann ist sein bewußter Geist beschäftigt. Sagt seine Mutter in diesem Augenblick zu ihm: »Mach jetzt bloß keine Fehler«, dann nimmt der unbewußte Geist diese Bemerkung auf. Er ignoriert das Wort »keine« und nimmt die Mitteilung auf »Fehler machen«. Es ist weitaus besser, positiv zu formulieren: »Du kannst es richtig machen.« Auf ähnliche Weise schafft eine Ehefrau ein Problem, wenn sie ihrem Mann, der vollkommen von dem Vortrag absorbiert ist, den er gerade vorbereitet, sagt: »Komm bloß nicht zu spät zu der Einladung zum Abendessen.« Es wäre besser, wenn sie sagen würde: »Denk daran, daß das Abendessen um acht Uhr beginnt.«

Denkst du einen Gedanken oder machst du eine Bemerkung oft genug, dann wird sie Zugang zu deinem unbewußten Geist finden. Einige Leute erleben Krankheiten in ihrem Leben, weil sie sich zu sehr gegen Krankheit wehren. Denkst du ständig: »Ich möchte nicht krank werden«, dann prägt sich das Wort »krank« in deinen unbewußten Geist ein. Dein Computer hält dann nach einem Programm Ausschau, das dich krank machen wird.

Dein unbewußter Geist ist auch dann offen, wenn du entspannt bist. Räkelst du dich gerade in der Sonne, dann ist das eine schlechte Zeit, dir Sorgen zu machen, denn deine Ängste könnten sich dann manifestieren. Dagegen ist es eine ausgezeichnete Zeit, dir auszumalen, was du in deinem Leben schaffen willst.

»Tu nicht«, »kann nicht«, »darf nicht« oder nur »nicht« sind Wörter, die das Gesetz des Widerstands beschwören. Der Gedanke »Ich werde niemals einen perfekten Partner finden« wehrt den perfekten Partner ab.

»Ich möchte nicht arm sein« bringt dir Armut.

»Ich kann in diesem schrecklichen Haus nicht leben« läßt dich weiter in diesem schrecklichen Haus leben.

»Ich bin kein schwieriger Mensch« wird, oft genug wiederholt, das Schwierige an deiner Persönlichkeit zum Vorschein bringen.

»Ich werde niemals so sein wie meine Mutter« gewährleistet, daß du genauso wirst wie sie.

*Du wirst zu dem, wogegen du dich wehrst. Das, wogegen du Widerstand leistest, wird in deinem Leben bleiben und deine Energie in ständigem Kampf aufreiben.*

»Ich bin gesund« ist ein Befehl, der in den Computer eingeht und Gesundheit magnetisch anzieht.

»Ich verdiene einen perfekten Partner« zieht einen perfekten Partner an.

»Ich habe Reichtum gern« zieht Reichtum in dein Leben hinein.

»Ich liebe ein schönes Heim« bringt dir ein schönes Heim.

Die Affirmation »Ich bin weise« beginnt, dich in Kontakt mit deiner Weisheit zu bringen.

*Wehre dich niemals gegen Versagen oder Armut, zieh statt dessen Erfolg und Reichtum an. Richte dich stets auf das Positive aus, statt dich gegen das Negative zu wehren.*

Ich habe einmal Urlaub in einer Gemeinschaft gemacht, in der man beschlossen hatte, die Struktur aus den bestehenden Arbeitsgruppen zu entfernen. Statt dessen wurden die Leute aufgefordert, sich freiwillig als Hilfskräfte zu melden. Als Ergebnis fühlte sich jeder freier und hatte mehr Zeit zum Entspannen. Man hatte erkannt, daß die strukturierenden Regeln Druck auf die Menschen ausübten, was zu Widerstand führte, der Energie verschliß.

*Kontrolle lockern setzt Energie frei.*

Nachdem ich einmal einen Vortrag über das Thema Wohlstand gehalten hatte, kam ein junger Mann zu mir. Er sagte, beim Zuhören habe es in seinem Kopf klick gemacht. Bis zu diesem Zeitpunkt sei er der Ansicht gewesen, er verdiene keinen Wohlstand. Er habe erkannt, daß er gegen alles, was über das hinausging, was er zu verdienen glaubte, Widerstand geleistet hatte. Ich traf ihn einige Wochen später bei einem Workshop über Engel, und er erzählte mir, er habe aufgehört, Widerstand zu leisten, und begonnen, sich dem zuzuwenden, was er im Leben wirklich wolle. Diese Verhaltensänderung habe sich auch positiv auf die Höhe seines Einkommens ausgewirkt.

Manchmal dauert es etwas länger, bis eine Veränderung sich einstellt. Hast du dich lange gegen Einsamkeit gewehrt, dann bist du von einer riesigen Gedankenform der Einsamkeit umgeben. Du hast vielleicht all deine Energie dazu eingesetzt, um diese Angst zurückzuhalten, so daß es ein wenig Zeit kosten könnte, all das umzuwandeln.

Ein positiver Weg, eine Gedankenform aufzulösen, der du Widerstand geleistet hast, ist es, alle Ängste niederzuschreiben, die sich damit verbinden, und dann alles zu verbrennen. Dann schreib auf, was du willst, und beginne anzuziehen, was du willst. Du wirst feststellen, daß du plötzlich mehr Energie besitzt.

Wollen zwei Menschen einen Felsbrocken in eine bestimmte Richtung bewegen, dann stellen sie sich beide auf dieselbe Seite des Felsblocks und schieben, damit er sich bewegt. Stehen sie einander jedoch gegenüber und schieben dann, wird er sich nur in dem Maße bewegen, in dem einer von beiden stärker ist. Und genau das tun unsere inneren Persönlichkeiten, wenn sie miteinander ringen.

Haben wir in uns zwei Persönlichkeiten, die mit demselben Ziel arbeiten, dann geht unser Leben reibungslos voran. Haben wir jedoch zwei innere Persönlichkeiten, die im Widerstreit gegeneinander arbeiten, dann bleiben wir stecken. Hat beispielsweise ein Teil von uns Angst vor einer Bindung und ist ein anderer Teil von uns für eine enge und stabile Beziehung, dann schaffen wir eine Situation, in der gleichzeitig gezogen und geschoben wird. Die Beziehung wird steckenbleiben, und wir werden uns fragen, warum wir so müde sind.

Arbeitest du mit jemandem an einem Projekt zusammen, und ihr habt beide dieselbe Vision, dann wird das Projekt unweigerlich vorankommen. Lebt ihr jedoch in Konflikt miteinander, so wird dieser Widerstand zu Verzögerungen führen. Diese andere Person ist nicht zufällig in deinem Leben. Er oder sie spiegelt für dich nur deine eigenen Zweifel, Ängste oder Unruhe wider.

Schau nach innen, und entscheide dann, was du wirklich willst und was deine Vision wirklich bedeutet. Löst du deinen inneren Konflikt, dann muß die andere Person gemäß dem universellen Gesetz aus deinem Leben ausscheiden oder ihr Verhalten ändern.

Das Gesetz des Widerstands wird durch Opferbewußtsein ausgelöst: Opfer ist jemand, der andere für sein Schicksal verantwortlich macht, der glaubt, die Welt schulde ihm einen Lebensunterhalt und er könne eigentlich nicht für sich selbst sorgen. Denkt jemand »Ich armer Kerl, ich kann nicht für mich selbst sorgen« oder »Ich habe einfach kein Glück«, dann ist er ein Opfer, das Widerstand leistet gegen die Fülle, Großzügigkeit und Fürsorge des Göttlichen. Gibt jemand anderen die Schuld für das, was in seinem eigenen Leben geschieht, dann ist er ein Opfer, das sich dagegen wehrt, Verantwortung für das zu übernehmen, was er selbst geschaffen hat.

Eine sehr verbitterte Dame namens Andrea sagte mir über ihren Ehemann: »Der schreckliche Zustand unserer Ehe ist ganz und gar seine Schuld. Jeden Abend geht er aus, und das macht mich so wütend.« Sie weigerte sich, Verantwortung für ihr Verhalten zu übernehmen, das ihn dazu brachte, allabendlich auszugehen. Sie leistete Widerstand gegen seine guten Eigenschaften – sie sagte mir, er habe keine. Andrea zeichnete von sich das Bild einer frustrierten Heiligen.

Erst als sie diesen Widerstand aufgab und begann, ihre eigenen Handlungen ehrlich zu betrachten, wurde sie ruhiger. Ihr Ehemann blieb einige Abende zu Hause, und sie konzentrierte sich auf die guten Eigenschaften, die sie an ihm entdeckt hatte. Sie hatten eine angenehme Zeit miteinander. Als sie ihn nicht mehr beschimpfte, ihren Widerstand gegen sein Ausgehen aufgab und ihn umarmte, wenn er zu Hause blieb, besserte sich ihr Eheleben auf unglaubliche Weise. Fühlen wir uns ärgerlich oder schuldig, dann widerstehen wir der Lebensfreude und der Herrlichkeit des Selbst.

Die meisten von uns haben es irgendwann schon einmal abgelehnt, eine bestimmte Arbeit zu tun. Wir lehnen es ab zu bügeln, bis der Haufen Wäsche riesig ist, oder im Garten zu arbeiten, bis das Unkraut wuchert, oder den Bericht zu schreiben, der geschrieben werden muß, bis er horrende Ausmaße annimmt. Jede Aufgabe erscheint schwierig in direktem Verhältnis zu unserem Grad des Widerstands.

Alles, dem du widerstehst, hat eine Botschaft für dich. Wehrst du dich zum Beispiel gegen Armut, dann ist es Zeit zu prüfen, was Armut dir zu sagen versucht. Hast du Angst vor Mangel? Was fürchtest du wirklich? Öffne dich dem, was du willst, nicht dem, was du nicht willst.

Wenn du also entlassen wirst, geschieht das nicht zufällig. Du hast die Gesetze des Universums aktiviert, dir deinen Job wegzunehmen. Du hast zu einem bestimmten Zweck Entlassungsgründe in deinem Leben geschaffen, also prüfe die zugrundeliegende Absicht, und lerne daraus. Warst du mit deiner Arbeit unzufrieden und hast dich darüber beschwert? Das Universum hat die Botschaft erhalten, daß du den Job nicht wolltest. Fühlst du dich unterbewertet, dann bekräftige deinen Wert. Hast du deinem Chef nicht vertraut, dann bilde dein Vertrauen aus. Stellst du ein immer wiederkehrendes Muster des Versagens fest, dann stell dir vor, daß du Erfolg hast.

*Hör auf, allem Widerstand zu leisten. Entscheide dich, was du im Leben willst, und fang an, magnetisch aufgeladene, enthusiastische Energien auszusenden, um das Positive auf dich zu ziehen.*

*Das, wogegen du Widerstand leistest,*
*bleibt in deinem Leben*
*und entzieht dir Energie.*
*Wende dich dem zu, was du willst,*
*und fühle dich lebendig.*

# Kapitel 6
# Das Gesetz der Widerspiegelung

Die Erde ist ein erstaunlicher Ort des Lernens, an dem du ständig eine Gelegenheit erhältst, dich selbst im Spiegel zu betrachten. Der Spiegel des Universums ist so ehrlich und genau, daß deine tiefsten Geheimnisse sich in den Spiegelbildern offenbaren, die du von dir selbst siehst. Jede einzelne Person und Situation in deinem Leben spiegelt einen Aspekt von dir wider. Wie innen, so außen.

Siehst du dich selbst im Spiegel, so wirst du vielleicht nicht mögen, was du siehst. Vielleicht behauptest du, das Spiegelbild sei verzerrt, doch wirst du selten darauf beharren, daß du da jemand völlig anderen siehst. Präsentiert uns das Universum jemanden oder etwas im Leben, dann ist das ebenfalls ein Spiegel. Wir können uns darüber lustig machen oder es leugnen, doch das spirituelle Gesetz der Widerspiegelung erinnert uns daran, in den Spiegel zu schauen und uns zu ändern.

Blickst du in den Spiegel und siehst, daß deine Augen trübe und müde aussehen, dann versuchst du nicht, das Spiegelbild zu ändern. Du nimmst vielmehr gesündere Nahrung zu dir und schläfst mehr, dann ändert sich auch das Spiegelbild.

Gibt es jemanden in deinem Leben, den du nicht magst, dann kannst du natürlich Zeit und Energie darauf verwenden, ihn wieder in Ordnung zu bringen oder zu ändern. Tust du das, dann versuchst du, das Spiegelbild zu verändern. Das ist eine Form des Leugnens. Leute, die das tun, sind als Retter bekannt. Sie verbringen lieber Zeit damit, das Spiegelbild zu verändern, als an sich selbst zu arbeiten. Wer das Gesetz der Widerspiegelung versteht, wird niemals wieder versuchen, jemand anderen dazu zu bringen, ein anderer zu sein, nur damit er selbst sich angenehmer fühlt. Man beobachtet das Äußere und verändert das Innere.

Jene Menschen in deinem Leben, die du nicht magst, zeigen dir Aspekte deiner selbst, die dir nicht angenehm sind. Hast du einen Freund, der dir sehr gefühllos erscheint, so frage dich, wo du selbst hartherzig bist. Ist dein Kind feindselig, dann schau nach innen auf deinen eigenen Verdruß. Stell dir vor, daß dein Chef vollkommen desorganisiert und chaotisch ist. Bist du dabei stolz auf deinen Ordnungssinn und dein Verantwortungsbewußtsein, dann bist du wahrscheinlich ziemlich verärgert über ihn, weil er so anders ist als du – du könntest also leicht sagen, er sei nicht dein Spiegel.

Dennoch solltest du in deinem Innern nach einem Aspekt suchen, der unordentlich ist. Wahrscheinlich verlangt ein Teil von dir danach, sorglos und für nichts verantwortlich zu sein. Wurdest du als Kind sehr diszipliniert erzogen oder wurden hohe Erwartungen in dich gesetzt, dann mag es wohl einen Teil von dir geben, der Angst hat, einen Fehler zu begehen oder sorglos zu sein. Bist du stets verantwortungsvoll und beherrscht gewesen, dann mag dir der Gedanke, dich gehen zu lassen, Angst einjagen. Der innere Teil von dir, der unverantwortlich sein möchte, wird in den Menschen um dich herum widergespiegelt. In demselben Maße, in dem du dich über deinen Chef ärgerst, bist du auch verärgert über den chaotischen Teil von dir selbst, der im Spiegel erscheint.

Hat jemand in deinem Leben eine Eigenschaft, die dich ganz ehrlich nicht stört, dann reflektiert sie dich nicht, und du wirst sie nicht einmal bemerken.

*Je mehr eine Eigenschaft eines anderen dich stört, desto intensiver versucht deine Seele, dich auf diese Spiegelung aufmerksam zu machen.*

All die Menschen, die du wirklich magst, spiegeln Aspekte deiner selbst wider, derentwegen du dich gut fühlst. Nimm einen Menschen, den du magst, respektierst oder bewunderst – denke an die Eigenschaften, die du an ihm magst. Diese Eigenschaften sind bis zu einem gewissen Grad auch in dir vorhanden. Du würdest diese Person nicht angezogen haben, noch würdest du diese Teile von ihr bemerken, wenn sie nicht auch in dir steckten. Der magische Spiegel des Universums zeigt dir einen schönen Teil von dir selbst, mit dem du vielleicht nicht in Kontakt bist. Fördere diese Eigenschaften, indem du sie pflegst, und Menschen mit diesen schönen Charakteristika werden in dein Leben treten.

Will das Universum wirklich deine Aufmerksamkeit auf etwas lenken, dann wird es dir drei Spiegel, in die du schauen kannst, auf einmal geben. Eine Klientin fragte mich: »Ich habe in dieser Woche drei Vögel mit gebrochenen Flügeln gesehen. Was sagt mir das?«

Mit einem gebrochenen Flügel kann man nicht fliegen. Ich schlug ihr vor, darüber nachzudenken, wo sie sich in ihrer Freiheit beschnitten fühlte. Darauf antwortete sie sofort, ihr Mann wünsche nicht, daß sie zu Workshops gehe, weil sie zuviel Zeit ohne ihn verbringe. Sie fühlte sich dadurch wirklich eingeschränkt. Das Universum schickte ihr als Spiegelbild das Gefühl zurück, daß ihre Flügel beschnitten seien. Es war Zeit für sie, ehrlich mit ihrem Ehemann zu kommunizieren.

Solltest du an einem Tag drei Blinde sehen, dann könnte das bedeuten, daß du etwas nicht siehst. Siehst du drei Unfälle, dann könntest du überlegen, wo du zu schnell fährst oder auf ein Unglück zusteuerst.

Alles ist eine Spiegelung: Wasser spiegelt wider, was mit deinen Emotionen oder deiner Spiritualität geschieht. Wenn du aufgestaute Emotionen hast, die nicht frei fließen können, dann findest du vielleicht tropfende Wasserhähne oder Heizkörper vor. Ich kannte mal jemanden, dessen Dach undicht war, und das eindringende Regenwasser tropfte auf seine Scheidungspapiere. Sonst war nichts naß geworden, nur die Scheidungspapiere. Er hatte sich mit den Gefühlen über das Scheitern seiner Ehe nie wirklich befasst. Flüsse, Seen, Ozeane tragen die emotionale und spirituelle Lebenskraft eines Gebietes. Fühlst du dich zu turbulenten Meeren oder stillen Seen hingezogen? Denk auch daran, daß Wasser symbolisch wäscht und reinigt.

Feuer ist heiß und hell. Ein Lagerfeuer oder ein Feuer im Herd mag auf ein friedliches Zentrum verweisen. Ein wütender, außer Kontrolle geratener Brand jedoch spiegelt die Wut und Feindschaft aller Betroffenen wider. Feuer ist auch ein großer Verwandler negativer Energie.

Erde ist solide, kann aber auch erstickend oder langweilig wirken. Bleibst du im Schlamm stecken, dann will dir das etwas über dein Leben sagen. Ein Erdbeben sagt dir, daß Fundamente deines Lebens, die du für sicher hieltest, dies nicht sind. Aus Erde entsteht neues Wachstum.

Die Luft besitzt große Energie. Sie repräsentiert Kommunikation und neue Ideen. Sitzt du in einem Luftzug, der dich stört, dann kann es bedeuten, daß das, was ein anderer dir mitteilt, dich stört. Ein Hurrikan bläst veraltetes Denken weg und kündigt neues an. Frische Luft weht auch Spinnweben fort.

Jeder Teil deines Wagens repräsentiert einen Aspekt von dir. Versagen die Bremsen, so kann das ein Fingerzeig darauf sein, mit etwas, das du tust, aufzuhören. Die Scheinwerfer funktionieren nicht. Kannst du sehen, wohin du im Leben gehst? Der Lack ist zerkratzt oder abgeblättert. Fühlst du dich beschädigt oder arg mitgenommen? Vielleicht bist du zu selbstkritisch? Die Hupe weigert sich, einen Ton von sich zu geben. Ist es an der Zeit, für dich selbst zu sprechen? Du hast eine Reifenpanne. Fühlst du dich, als sei dir die Puste ausgegangen? Läßt jemand dich im Stich? Auf welche Weise läßt du selbst dich im Stich und unterstützt dich selbst nicht? Die Batterie ist leer. Fühlst du dich leer? Ist dir die Energie ausgegangen?

Kannst du nicht herausfinden, was die Spiegelung bedeutet, dann sprich darüber, was dieser Teil des Ganzen tut. Zum Beispiel: Meine Wagenschlüssel sind mit Batterien ausgestattet; eines Tages war die Batterie des Ersatzschlüssels leer. Bevor ich noch Zeit hatte, sie auszuwechseln, war auch die des Hauptschlüssels leer. Keiner von beiden Schlüsseln funktionierte mehr, und ich konnte meinen Wagen nicht mehr aufschließen. Der Ersatzschlüssel gewährt anderen Leuten Zugang zu meinem Wagen (mir). Mein Schlüssel gewährt mir Zugang (zu meinem Bewußtsein). Die Batterie ist die Energie, die das funktionieren läßt. Da beide Batterien leer waren, spiegelten sie mir, daß ich zu erschöpft war, jemand anderem oder mir selbst etwas zu geben.

Das Getriebe eines Autos erleichtert den Übergang von einer Geschwindigkeit zur anderen. Hakt die Gangschaltung, dann hast du Schwierigkeiten, dich in deinem Leben zu bewegen oder einfach dein Bewußtsein auf etwas anderes einzustellen.

Tiere reflektieren die Qualitäten und Eigenschaften ihrer Besitzer: Ein disziplinierter, gutmütiger, freundlicher Hund spiegelt einen Besitzer, dem man vertrauen und bei dem man sich wohl fühlen kann. Ein wildes, lärmendes Tier mahnt dich, mit dem Besitzer vorsichtig umzugehen, selbst wenn er oberflächlich einen sanften Eindruck macht.

Wir sind komplexe Menschen, und die Tiere, die wir besitzen, pflegen unsere verschiedenen Aspekte widerzuspiegeln. Deine Katze mag deine kühle unparteiische Arbeitsweise reflektieren, während dein Hund deine überschwengliche, freundliche Privatpersönlichkeit widerspiegelt. Frag jemanden, was er für ein Haustier hat, und du wirst etwas über ihn in Erfahrung bringen.

Als ich gerade dieses Kapitel verfaßte, kam es zu einer Synchronizität: Ich stieß auf einen Artikel über die Eigenschaften und Verhaltensweisen verschiedener Hundearten. Wir wählen unseren Hund bewußt oder unbewußt so aus, daß er zu uns paßt. Ausgeglichene, solide, tolerante und gutmütige Hunde sind u. a. Bassets, Beagles, Bulldoggen, Bernhardiner, irische Wolfshunde und Neufundländer. Kluge Hunde, die sich dressieren lassen und gehorchen, sind Dobermann, Cardigan Waliser, Shetland-Schäferhunde und der Pudel.

Zu den beschützenden (Wach-)Hunden, die ein bestimmtes Territorium verteidigen, gehören Boxer, Rottweiler, Bullterrier, Chow-Chows, Bullmastiffs und Riesenschnauzer. Freundliche, anhängliche Hunde wiederum sind Borderterrier, der Bärtige Collie, Englische Setter, englische Springer-Spaniels, Apportierhunde, altenglische Schäferhunde, Labradore, Cavalier King Charles Spaniels und Cockerspaniels.

Zu den unabhängigen Tieren mit starkem Willen gehören der Afghane, der Airedaleterrier, der Dalmatiner, der Windhund, der Irische Setter, Pointer und Foxterrier.

Selbstbewußte, spontane und oft wagemutige Hunde sind der Jack Russell Terrier, der Kleine Pinscher, der weiße Westhighlandterrier, der Yorkshireterrier und der Irische Terrier. Beständige, unabhängige und ins Haus gehörende Hunde sind Chihuahua, Dackel, King Charles Spaniel, Mops, Pekinese, Whippet, Bostonterrier und Malteser.

Alle Tiere, Pflanzen und Bäume, ja selbst Kristalle repräsentieren Eigenschaften. Die Eiche in deinem Garten reflektiert deinen soliden, zuverlässigen Aspekt. Ist dein Garten prächtig und farbenfroh, dann externalisiert er einen extrovertierten Teil von dir, ob du ihn nun bewußt zeigst oder nicht. Ist er sehr gepflegt und ordentlich, dann bist du es wahrscheinlich auch. Ein Familiengarten wird die vorherrschenden Familieneigenschaften reflektieren.

Was auch immer in dein Leben tritt, blicke in den Spiegel und schau, was es dich lehren kann. Haben wir das Gesetz der Spiegelung erst einmal verstanden, dann können wir unser spirituelles Wachstum fördern, indem wir schauen, was das Leben uns sagt. Unsere Reise auf der Erde wird so zu einer faszinierenden, aufregenden Erfahrung.

Es gibt zwei Möglichkeiten zu deuten, was du im Spiegel siehst. Die eine ist, daß du deine eigene Projektion siehst. Die andere ist, daß du einen Aspekt siehst, den du angezogen hast. Um eine Projektion zu finden, sprich über die Person oder die Situation. Du könntest beispielsweise sagen: »Du bist eine großzügige, aber unangenehme Person.« Schau nach innen auf deinen großzügigen Aspekt und den Teil von dir, der unangenehm ist.

Um herauszufinden, wie du dieses Spiegelbild angezogen hast, achte darauf, was die Person oder Situation dich fühlen läßt. Ist es zum Beispiel »Du gibst mir das Gefühl, unzulänglich zu sein«, dann zeigt dir das ein Spiegelbild deiner Unzulänglichkeit.

Weitere Informationen findest du in den Kapiteln über das Gesetz der Projektion (S. 56 ff.) und das Gesetz der Anziehung (S. 35 ff.).

*Versuche niemals,*
*einen anderen Menschen zu ändern,*
*denn er spiegelt dich selbst wider.*
*Schau nach innen,*
*und ändere dich selbst.*

# Kapitel 7
# Das Gesetz der Projektion

Auf Erden werden Aspekte des Selbst auf uns zurückgespiegelt. Alles, was wir außerhalb des Selbst wahrnehmen, ist ein Spiegelbild von etwas in unserem Innern. Deshalb ist alles, was wir außerhalb unseres Selbst sehen, eine Projektion. Wir nehmen einen Aspekt des Selbst, zum Beispiel Sturheit, und stellen uns vor, diese Eigenschaft existiere in den Menschen um uns herum.

Wir projizieren unsere Angelegenheiten, die guten wie die schlechten, auf andere Leute und nehmen an, sie gehörten zu ihnen – wobei wir oft verleugnen, daß sie in uns selbst stecken.

Die Wahrheit ist jedoch:

Du kannst nur dich selbst sehen.

Du kannst nur dich selbst hören.

Du kannst nur mit dir selbst sprechen.

Du kannst nur dich selbst kritisieren.

Du kannst nur dich selbst loben.

Jedesmal, wenn du die Worte »Du bist« oder »Er ist« oder »Sie ist« aussprichst, projizierst du etwas von dir selbst auf jemand anderen. Sagst du etwa »Du bist seltsam«, dann siehst du unbewußt etwas von deiner eigenen Seltsamkeit in dieser Person. Sagst du »Sie ist dumm«, dann projizierst du deine Dummheit auf sie. Oder du sagst vielleicht »Du bist großartig«, weil du etwas von deiner eigenen Großartigkeit im anderen wiedererkennst. Sagst du anderen, sie seien klug, akzeptierst jedoch deine eigene Klugheit nicht, dann projizierst du deine Klugheit nach außen.

Nehmen wir an, ein anderer fühle, wie wir fühlen, dann ist das eine Projektion. »Das muß dich doch wahnsinnig machen« oder »Das macht dir bestimmt riesigen Spaß« sind beides Projektionen. Du überträgst deine Gefühle auf eine andere Person. Diese mag jedoch völlig anders empfinden. »Niemand mag Reispudding« ist eine Projektion. »Natürlich liebt sie Pferde«, gesagt über jemanden, den du nicht wirklich kennst, ist es ebenfalls.

Jill war unglücklich verheiratet, während Kate ihren Ehemann liebte und mit ihm eine wirklich tragfähige Beziehung pflegte. Jill sagte oft zu Kate: »Du solltest deinen Mann verlassen.« Sie projizierte auf ihre Freundin den Teil ihres Selbst, der fühlte, sie sollte ihre Ehe aufgeben.

Wir projizieren unsere Ängste in die Welt. Ich hörte eine Frau zu ihrem Partner sagen: »Du bist ein Feigling. Du hast nicht den Mut, für dich selbst einzustehen.« Es mag wirklich wahr sein, daß er keinen Mumm hat. Dennoch würde sie dies nicht wahrnehmen, wenn nicht ein Teil von ihr Angst hätte, auf sich selbst gestellt zu sein. Obwohl sie eine große »Macho-Frau« war, projizierte sie den schüchternen Teil ihres Selbst auf ihn.

»Du hast überhaupt keinen Sinn für Humor«, bedeutet nur, daß die andere Person die Dinge nicht so sieht wie du selbst. Sie hat vielleicht einen fabelhaften, jedoch andersartigen Sinn für Humor. In Wahrheit machst du eine Bemerkung über dich selbst: Es ist eben angenehmer, sich vorzustellen, daß ein anderer Eigenschaften besitzt, die du in dir selbst verleugnen möchtest.

Versteckst du deine Feindseligkeit und verleihst ihr in Form von passivem Ärger Ausdruck, dann projizierst du Feindschaft auf die Menschen um dich herum und stellst dir Leute als aggressiv vor, mögen sie es sein oder nicht. Du wirst dir von

Fall zu Fall ärgerliche oder bedrohliche Verhaltensweisen vorstellen, wo gar keine beabsichtigt oder ausgedrückt werden.

Diejenigen, die ihren Hass projizieren, denken, jedermann wolle ihnen Böses. Eine junge Frau beklagte sich bei mir, daß ihr Partner ihr immer wieder vorwerfe: »Du verstehst nicht zu lieben.« Als ich ihr etwas über Projektionen erklärte, erkannte sie klar, daß ihr Partner über einen Teil von sich selbst sprach. Das konnte etwas mit ihr zu tun haben oder auch nicht. Doch wir gingen der Sache nach, wie sie diese Bemerkung auf sich gezogen hatte. Sie erkannte, daß ein Körnchen Wahrheit darin steckte, und begann darüber nachzudenken, auf welche Weise sie ihr Herz verschloß.

Wir projizieren unsere Unsicherheiten und unsere Sexualität auf andere. Wer hinsichtlich der Moral anderer paranoid ist, der projiziert seine eigene unterschwellige Unmoral.

Der Chef, der alle seine Angestellten verdächtigt, ihn zu hintergehen, projiziert seinen eigenen inneren Betrug. Die Folge ist, daß er wirklich betrügerische Machenschaften auf sich zieht.

Die Ehefrau, die ihren treuen Ehemann der Untreue bezichtigt, projiziert ihren eigenen Mangel an Vertrauen in die Beziehung.

Hörst du jemanden über einen anderen sagen: »Sie ist eine halsstarrige Person«, dann frage dich nach der Halsstarrigkeit der Person, die das sagt. Jemand, der diese Eigenschaft nicht hat, braucht so etwas über einen anderen nicht zu sagen.

Weil viele von uns ihre eigene Großartigkeit nicht in Besitz nehmen oder an sie glauben, projizieren wir unsere schönen, liebenswerten, kraftvollen und brillanten Seiten auf andere. Jedesmal, wenn du Gutes von anderen Menschen denkst, denk daran, daß von dieser Eigenschaft etwas auch in dir steckt – sonst würdest du sie nicht bei anderen erkennen.

Wir projizieren unsere Liebe auf andere, auch unsere Güte, Großzügigkeit, Warmherzigkeit. Jemand, der von sich aus gütig ist, pflegt sich vorzustellen, daß alle anderen es ebenfalls sind. Die zutiefst großzügige Person erwartet auch von anderen Großzügigkeit.

Ein verliebtes Paar projiziert die eigene innere Schönheit auf den jeweils anderen. Sieht man unsere Ausstrahlung verstärkt und reflektiert in einem anderen, dann bietet sich eine großartige Gelegenheit zu spirituellem Wachstum. Verliebtsein ist ein Zustand der Gnade.

Verallgemeinernde Projektionen sind weit verbreitet, etwa: »Jeder hat Angst vor Tigern«, »Alle Frauen sind Klatschbasen« oder »Kinder machen soviel Arbeit«. Übersetze diese Projektionen in »Ich habe Angst vor Tigern«, »Ein Teil von mir ist eine Klatschbase« und »Ich finde, daß meine Kinder mir viel Arbeit machen«.

Übernimm einfach die Verantwortung für jeden Teil, der zu dir gehört. Dich selbst auf jemand anderen zu projizieren, hindert dich daran, Verantwortung für dich selbst zu übernehmen. Die meisten Menschen sind sich nicht einmal darüber im klaren, daß das, was sie sagen, sich tatsächlich in ihnen selbst befindet. Das ist eine verbreitete Form des Verleugnens.

Projektion kann zu einem Pingpongspiel werden: Schreien zwei Menschen einander an, wobei jeder den anderen bezichtigt, im Unrecht zu sein, dann projizieren beide ihre Wut und ihre Angst auf den anderen.

Das Bild vom Topf, der den Kessel rußig schimpft, beschreibt angemessen das Gesetz der Projektion: Keiner betrachtet sich selbst als rußig; statt dessen sieht jeder, wie verrußt der andere ist.

Man kann nur mit sich selbst sprechen. Sagen Eltern zu ihrem Kind: »Du bist ein schwieriger Junge«, dann projizieren sie sich selbst auf ihren Sprößling. Das kann einem Kind wirklich Schaden zufügen, denn es besitzt noch kein Verständnis dafür, daß diese Äußerung nichts mit ihm selbst, jedoch alles mit den Eltern zu tun hat. Eine Mutter, die ihr Baby liebt und ihm immer wieder sagt, wie niedlich und liebenswert es ist, projiziert positiv ihr offenes Herz. Durch diesen Vorgang macht sie beide strahlender.

Hier einige Beispiele von Projektionen:

»Sie sind ein fürchterlich neugieriger Mensch.«

»Ich meine, Sie sind neugierig.«

»Es ist schwer, Soldat zu sein.«

»Die Welt ist ein schrecklicher Ort.«

Hören wir auf zu projizieren und übernehmen statt dessen die Verantwortung für unsere eigenen Gefühle, dann sagen wir vielleicht: »Ich fühle mich nicht wohl, wenn Sie diese Fragen stellen« oder »Das ist meine Angelegenheit«. Sie sagen: »Mir würde es sehr schwer fallen, Soldat zu sein« oder »Ich fühle mich durch das bedroht, was in der Welt geschieht«.

Selbst sehr erfahrene und objektive Fachleute aller Art sehen Situationen durch gefärbte Brillen: Das ist fast unvermeidlich, solange wir ein menschliches Bewußtsein haben. Wenn wir zu hundert Prozent losgelöst und fähig sind, alles von einem völlig objektiven Standpunkt aus zu sehen, dann können wir eine Person oder Situation klar durchschauen. Bis zu diesem Augenblick ist es vorzuziehen, Projektionen aus unserem Leben herauszuhalten.

Dein Leben ist das, was du erfährst. Andere Menschen erfahren es wahrscheinlich sehr unterschiedlich. Also achte auf deine Projektionen, und arbeite an dir selbst. Das Begreifen dieses Gesetzes bietet enorme Möglichkeiten für persönliches und spirituelles Wachstum.

*Du kannst nicht wissen,*
*wie eine andere Person fühlt oder wie sie ist.*
*Alles, was du in einem anderen siehst,*
*ist eine Projektion*
*eines Aspekts deiner selbst.*

# Kapitel 8
# Das Gesetz des Anhaftens

Du kannst alles im Leben haben, was du willst. Hängt jedoch dein Selbstwertgefühl oder dein Glück davon ab, es zu haben, dann haftest du daran.

Die Person oder Sache, der du anhaftest, kann dich manipulieren. Du bist nicht mehr frei, du bist eine Marionette. Das Universum ist eine Energiesuppe: Alles schwirrt umeinander und bewegt sich, Gleiches zieht Gleiches an, gewisse Energien stoßen einander ab. Der Tanz spielt sich zwischen den Atomen ab. Doch es gibt in diesem großen Kessel voller Energie Menschen, die durch ein Band verbunden sind. Sie werden über große Entfernungen hinweg von Lebenszeit zu Lebenszeit zueinander hingezogen. Das Band mag sie verbinden und festhalten. Sie ziehen und zerren mental, emotional und physisch aneinander und sind sich oft der Wirkung nicht bewußt, die sie aufeinander ausüben.

Bande kommen zwischen Menschen zustande, die ungelöste Probleme miteinander haben. Jedesmal, wenn du jemandem Gedanken oder Worte der Wut, Verletzung, Eifersucht, des Neids und des Begehrens sendest, formst du einen winzigen Faden, der an ihm haftenbleibt. Ein gelegentlicher Gedanke löst sich wieder auf. Sendest du jedoch ständig negative Gedanken zu jemandem aus, dann werden sich aus diesen Fäden Bande und Seile bilden. Diese werden bleiben und euch zusammenbinden, bis sie aufgelöst werden.

In künftigen Leben werden die Bande reaktiviert und dich unweigerlich zu denen hinziehen, mit denen du ungelöste Probleme hast. Das geschieht, um euren Seelen Gelegenheit zu geben, diesmal anders mit den Problemen umzugehen. Wir können aber auch Dingen anhaften. Negative Energien wie Habgier, Stolz, Verlangen und Neid können starke Bande zu Objekten wie Häusern, Autos, Jobs oder Bankkonten aussenden. Deshalb sprechen wir von den Fallgruben des Reichtums.

Bande können Menschen nicht greifbaren Dingen anhaften lassen, beispielsweise dem Verlangen nach Liebe. Haftest du einem Verlangen nach Anerkennung an, dann kann dies das psychische Gegenstück zu einer Eisenkugel und Kette ums Fußgelenk sein. Du kannst aber auch fesselnden Energien wie Selbstunterschätzung oder Unnahbarkeit verhaftet sein.

Ein Meister steht über den Dingen: Er ist unabhängig von Status, Geld oder emotionalem Verlangen, ist frei und unerhört mächtig.

Du kannst ein schönes Heim besitzen. Natürlich, Gott will, daß du ein schönes Heim hast. Brauchst du jedoch dieses schöne Heim, um Status oder Sicherheit zu erlangen, dann wird das zur Falle. Seile binden dich an dein Heim, und du bist emotional gebunden, bis du deine Einstellung änderst. Ein Meister kann ein wunderschönes Heim genießen. Wird es ihm jedoch genommen, dann beeinträchtigt das nicht das Bild, das er von sich selbst hat.

Du kannst eine wunderbare Beziehung genießen. Die *Quelle* von allem will, daß du in Liebe glücklich bist. Begehren bindet dich jedoch an deinen Partner, mit dem Ergebnis, daß du gefühlsmäßig hin- und hergerissen wirst. Wechselseitig abhängige, also kodependente Beziehungen verwickeln dich in Stricke, so daß es schwierig ist, über die Beziehung objektiv nachzudenken oder den Partner zu verlassen.

Haften Eltern zu stark an ihren Kindern, dann fällt es ihnen schwer, sie ins Erwachsensein zu entlassen. Ähnlich kann ein Kind so sehr an seinen Eltern haften, daß es ihm sehr schwer fällt, eine reife erwachsene Beziehung zu einem Partner aufzubauen.

Anhaften ist Liebe, die von Bedingungen abhängig ist. Ein Meister liebt bedingungslos, und daraus bilden sich keine Bande. Er gestattet den Menschen, die er liebt, frei und sie selbst zu sein. Verläßt ihn ein Mensch, den er liebt, oder stirbt er gar, dann trauert der Meister zwar, ist jedoch nicht am Boden zerstört. Er bleibt in sich zentriert.

Forderst du von jemandem ein bestimmtes Verhalten, damit du ihn lieben kannst, dann ist das keine Liebe. Es ist Anhaften. Die Bande des Anhaftens können auf verschiedene Weise gelöst werden. Liebe löst sie auf und setzt sie frei. Du machst dich damit ebenfalls frei. Setzen wir unsere Erwartungen und Hoffnungen in Menschen, dann reagieren sie nach ihren eigenen Mustern; akzeptieren wir sie aber so, wie sie sind, dann offenbaren sie uns ihre Großartigkeit. Das ist Liebe.

Vergebung löst Bande für alle Zeiten auf. Wir nähern uns dem Ende einer Ära, während wir darauf warten, daß ein neues, höheres Bewußtsein sich auf dem Planeten durchsetzt. Das bedeutet, daß wir nun all die Bande einsammeln, die wir im Lauf unserer Leben gebildet haben. Unsere Seele möchte jetzt, daß wir uns allen ungelösten Problemen und Lektionen stellen und sie lösen, so daß wir frei sind, weiter voranzugehen.

Vergibst du jemandem und läßt du alles, was in der Vergangenheit geschehen ist, ganz und gar hinter dir, dann befreist du die betreffende Person und bist selbst frei.

Scham und Schuldgefühle binden dich an bestimmte Erinnerungen und halten dich zurück. Bist du bereit, dir selbst vergangene Handlungen zu vergeben, dann löst du einengende Bande auf, und das Gedächtnis verliert seine negative Ladung.

Wir haften unseretwegen an anderen, nicht ihretwegen. Caroline erzählte mir, sie wolle das Weihnachtsfest bei der Familie ihres Partners verbringen, wisse jedoch, daß ihre Mutter sich deswegen fürchterlich aufregen werde. Ihre Mutter brauche sie. Schließlich nahm sie allen Mut zusammen und sagte ihrer Mutter, sie wolle Weihnachten anderswo verbringen. Sie hatte sich vorgestellt, ihre Mutter werde wie gelähmt sein und zusammenbrechen. Nichts dergleichen: Die alte Dame ging in die Stadt und buchte eine weihnachtliche Kreuzfahrt. Die folgenden Wochen verbrachte sie fröhlich damit, sich neue Kleider zu kaufen. Caroline hatte ihrer Mutter die Freiheit verschafft, ein neues Leben zu erfahren.

Es ist sehr verbreitet, daß eine ganze Familie in ein Knäuel gegenseitiger Abhängigkeiten verstrickt ist. Die Zeit ist gekommen, sich daraus zu befreien. Ziehst du dein persönliches Band heraus, dann zeigt sich vielleicht, daß es der Faden ist, der es gestattet, das ganze Knäuel aufzulösen. Ist das nicht der Fall, dann liegt die familiäre Verschwörung nicht mehr in deiner Verantwortung. Diejenigen, die weiterhin darin involviert sind, müssen sich noch durch ihren Teil der Erfahrung hindurcharbeiten.

Der zweite höchst machtvolle Weg zum Aufheben der Anhaftung ist der mittels Ausrichtung und Visualisierung:

John und Jean saßen seit Jahren in einer kodependenten Ehe fest, und jeder murrte und klagte über den anderen. Beide waren feindlich gestimmt. Sie sagten, sie wollten sich trennen, hatten jedoch niemals wirklich den Mut dazu.

John kam zu einem Workshop, in dem wir Anhaftungen auflösten. Er richtete sich innerlich darauf aus, sich selbst und Jean zu befreien. Während des Visualisierens entstand bei ihm ein klares Bild von sich selbst und seiner Ehefrau in einem Drahtverhau. Er bat um die Hilfe von Engeln, um dies alles auflösen zu können, und erlebte, wie der ganze Verhau weggeräumt wurde. Danach empfand er ein wundervolles Gefühl von Erlösung und Freiheit.

Als alle nach Hause gingen, geschah etwas Interessantes. Da er nun innerlich frei war, begann er Jean mit anderen Augen zu sehen. Ohne wie stets von negativer Energie belastet zu sein, erinnerte er sich an ihren Sinn für Humor, ihren Enthusiasmus und ihre Güte. Er begann, sich neu in sie zu verlieben, diesmal jedoch auf eine reife Weise. Ihre Beziehung veränderte sich total.

In diesem Fall führte das Lösen der Bande John und Jean zusammen. In anderen Fällen finden die Menschen heraus, daß sie nun frei geworden sind, eine Beziehung ganz und gar aufzugeben. Innerliche Unabhängigkeit ist eine Voraussetzung für Erleuchtung.

*Willst du frei sein,*
*dann löse dich von allem und jedem.*
*Dies ist eine Voraussetzung*
*der Erleuchtung.*

# Die Gesetze der Schöpfung

# Kapitel 9
# Das Gesetz der Aufmerksamkeit

Alles, dem du Aufmerksamkeit schenkst, manifestiert sich, wobei es keine Rolle spielt, ob es groß, klein, gut oder schlecht ist. Das spirituelle Gesetz sorgt dafür, daß ein Ergebnis sich in genau dem Prozentsatz manifestiert, in dem du ihm Aufmerksamkeit schenkst. Aufmerksamkeit ist der Brennpunkt deiner Gedanken, Worte und Handlungen. In der materiellen dreidimensionalen Welt gibt es die Redewendung »Sehen heißt glauben«; doch Weise haben uns immer wieder erzählt: »Glauben heißt sehen.« Die Teilchenphysik beweist uns heute die Richtigkeit dessen, was diese Weisen und Mystiker uns zu allen Zeiten gesagt haben: Die Gedanken des Experimentators beeinflussen die Ergebnisse des Experiments. Die Ergebnisse sind verschieden, je nach der Erwartung des Experimentators.

Ebenso unterscheiden sich die verschiedenen Leben je nach der Erwartung des einzelnen. Befinden sich zehn Menschen in einer ähnlichen Situation, dann wird jeder von ihnen sich eine andere Vorstellung vom Endergebnis machen; dementsprechend wird auch jeder einzelne ein leicht unterschiedliches Resultat erzeugen: Jeder schafft seine eigene Wirklichkeit. Die Wissenschaft bestätigt heute diese spirituelle Wahrheit.

Vor kurzem war ich Zeuge, wie zwei meiner Bekannten

jeweils eine öffentliche Veranstaltung organisierten. Rebekka organisierte eine eher kleine Veranstaltung. Immer wieder klagte sie: »Ich hoffe, ich kann alle Karten verkaufen. Die Werbekosten sind einfach zu hoch.« Diese Gedanken lenkten ihre Aufmerksamkeit vom erhofften Ergebnis ab. Am betreffenden Abend war der Saal halb leer. Jane organisierte eine ziemlich große Show. Sie äußerte sich klar und positiv, sprach mit Begeisterung davon. Ihre Aufmerksamkeit ließ nie von ihrer Vision eines vollen Hauses ab. Sie realisierte ihre Vision.

Das einzige, was dich daran hindert, deine Träume zu manifestieren, ist dein Zweifel, deine Angst. Widmest du dem, was du willst, nur zwanzig Prozent Aufmerksamkeit, dann wirst du auch nur zwanzig Prozent deines Traums verwirklichen. Schenkst du dagegen dem Wunschergebnis hundert Prozent Aufmerksamkeit, dann wirst du auch ein hundertprozentiges Ergebnis erreichen. Das Gesetz der Aufmerksamkeit ist exakt.

---

*Gib acht, worauf du deine Gedanken lenkst.*

---

Beim Autofahren achte auf die Straße vor dir, sonst könntest du verunglücken. Du beachtest die Straßenschilder, damit du nicht in die falsche Richtung fährst. Durch volle Konzentration gelangst du sicher an dein Ziel oder, im Leben, zu deiner Bestimmung. Während wir auf der Straße des Lebens reisen, werden wir aufgefordert, den Einflüsterungen und Hinweisen Aufmerksamkeit zu schenken, mit denen das Universum unseren Weg markiert.

Schenkst du Sorgen und Ängsten Aufmerksamkeit, dann versorgst du sie mit Energie und aktivierst sie. Dir stets schlimmste Szenarien auszudenken oder ständig von deinen Ängsten zu sprechen ist das sicherste Mittel, diese in dein Leben zu ziehen.

Eine meiner Klientinnen lebte in großer Angst, weil sie sich ständig vorstellte, ihre Ehe würde zerbrechen. Die Aufmerksamkeit, die sie dem Scheitern ihrer Beziehung widmete, programmierte ihr Unbewußtes solcherart, daß die Partnerschaft schließlich wirklich scheiterte.

Natürlich unterstützte das Universum dies, indem es ihr herausfordernde Situationen in den Weg stellte. Auch ihr Partner erhielt von ihr laufend psychische Botschaften der Furcht und Trennung, die ihn veranlaßten, sich zurückzuziehen. Die Beziehung endete zwangsläufig: Die Frau erfüllte ihre eigene Prophezeiung.

Schmerzt deine große Zehe und du sorgst dich deswegen und denkst dir in deinem Geist furchtbare Möglichkeiten aus, dann nimmt das Problem riesige Ausmaße an und wird schlimmer. Ruft dich jemand an und teilt dir aufregende Neuigkeiten mit, dann lenkt das deine Aufmerksamkeit von der Zehe ab, und der Schmerz verschwindet.

*Das Positive hat eine kraftvollere Ladung als das Negative.*

Konzentriere dich auf positive Situationen, denk daran und sprich darüber. Das Verweilen der Aufmerksamkeit beim Positiven läßt deine Träume wahr werden. Schreibst du ein Buch, malst du ein Bild, baust du ein Haus oder beteiligst du dich an einem Projekt, dann halte dir stets das perfekt vollendete Ergebnis vor Augen. Beharrst du auf deiner Vision und leistest die notwendige Arbeit, dann ist dir der Erfolg sicher. Entscheide dich für eine Vision, bleibe ihr verpflichtet, tue die notwendige Arbeit, indem du ihr volle Aufmerksamkeit schenkst – und du wirst erstaunt sein, wie dein Leben aufblüht.

Doch noch ein Wort der Mahnung: Beim Pflanzen eines Samenkorns hast du eine Vorstellung von einer schönen

Pflanze, die nach angemessener Zeit erblüht. Dann begießt du sie und behältst sie im Auge, doch du gräbst den Samen nicht ständig wieder aus, um nachzusehen, ob alles in Ordnung ist.

*Schenke deiner Vision Aufmerksamkeit,*
*aber analysiere sie nicht zu Tode.*

*Konzentriere dich auf das,*
*was du willst,*
*und du wirst es bekommen.*

# Kapitel 10
# Das Gesetz des Fließens

Wir leben in einem Universum, das aus Energie besteht, einer Energie, die ständig im Fluß ist. Nichts ist statisch, alles fließt; nichts und niemand bleibt von anderen getrennt oder unberührt. Deshalb kann ein Eisbär in der Arktis nicht niesen, ohne daß sich in der Sahara ein Sandkorn bewegt. Und daher beeinflußt etwas mehr Liebe zu dir selbst einen völlig Fremden am anderen Ende der Welt.

Fließt ein Fluß, dann gibt es keine leeren Räume. Wird das Fließen blockiert, dann wird der Fluß schließlich über seine Ufer treten. Wasser repräsentiert Emotionen: Werden Emotionen blockiert, dann stagnieren sie, so daß Beziehungen sich festfahren und gekünstelt werden. Das ist so, weil das blockierte Fließen zu einem stehenden Gewässer geworden ist. Es ist anregend, neben einem Sturzbach zu wandern, doch kann es gefährlich werden, darin zu schwimmen, wenn man fortgerissen wird. Gleichen deine Gefühle einem Sturzbach, dann haben die Menschen vielleicht Angst, dir zu nahe zu kommen, weil sie fürchten, sie könnten ertrinken.

Fließt ein Fluß jedoch friedlich und gelassen dahin, dann sitzen die Menschen gern an ihm. Sie wollen den Frieden, die Gelassenheit und die Stille genießen; es ist sicher, in ihm zu schwimmen. Sind deine Gefühle friedlich, ruhig und gelassen, dann werden viele gern in deiner Nähe weilen. Da sie in deiner Aura baden möchten, werden deine persönlichen Beziehungen gut sein. Achte also auf den Fluß deiner Emotionen und vermerke die Wirkung, die sie auf deine Beziehungen haben.

Das Gesetz des Fließens beherrscht jeden Bereich deines Lebens. Ein Sturzbach von Sexualität mag aufregend sein, doch ist es bedrohlich und gefährlich, sich hineinziehen zu lassen. Wo Sexualität durch Verbote in der Kindheit oder Erlebnisse aus vergangenen Leben blockiert ist, da ist eine sexuelle Beziehung unangenehm. Fließt deine Sexualität schön dahin, so wird dein Sexualleben gut sein.

Fließt deine Sexualität, oder wird sie blockiert? Ist deine Kreativität ein Sturzbach schnell fließender Ideen, die wild durcheinanderwirbeln und schließlich gegen Felsen branden? Oder fließt deine Kreativität in einem Tempo, das von dir und deiner Umgebung beherrscht werden kann und dich voller Ideen und glücklich produktiv sein läßt?

In ein vollgestopftes Regal kann man nichts mehr hineinstellen. Hortest du etwas, sei es Geld, Kleider, Ideen oder alte Ressentiments, dann ist kein Platz mehr für Neues. Um Neues in dein Leben zu lassen, mußt du das Alte loswerden.

Hältst du an vergangenen Gefühlen fest, dann bist du vollgestopft mit alten Erinnerungen, die verhindern, daß frische und glücklichere Dinge zu dir finden. Wirf alten Plunder aus deinem Heim, dann wird das Gesetz des Fließens auch dafür sorgen, daß etwas anderes an seine Stelle tritt. Es liegt an dir, ob du alten Kram durch »neuen« alten Kram ersetzt oder ob du dein Bewußtsein verlagerst, um etwas Besseres an dich zu ziehen. Hast du stets dieselben Gedanken, dann werden dieselben Verhältnisse zurückkehren. Beginnst du mit Veränderungen, und seien sie noch so klein, dann wird automatisch etwas anderes an ihre Stelle treten.

*Die Natur erlaubt kein Vakuum, so daß stets etwas in einen leeren Raum einfließt. Deine Aufgabe ist es, dafür zu sorgen, daß es etwas Besseres ist.*

Sobald du Meinungen und Erinnerungen aufgibst, die in deinem Leben nichts mehr zu suchen haben, öffnest du die Tore, damit Neues hereinfließen kann. Ändere deine Gewohnheiten, um etwas anderes in dein Leben zu lassen. Das kann so einfach sein wie einen anderen Weg zur Arbeit zu gehen.

Ich unterhielt mich einmal mit einer Freundin, die sich entschieden hatte, jetzt für eine Beziehung bereit zu sein. Sie hatte schon lange keine Beziehung mehr gehabt. Ich warf einen Blick in ihr Schlafzimmer, das mit allerlei Kram vollgestopft war. Ich hob nur die Augenbrauen, und sie sagte: »Ja, du hast recht.« Sie räumte allen überflüssigen Kram aus ihrem Schlafzimmer, mit dem Ergebnis, daß eine Beziehung regelrecht in ihr Leben galoppierte.

Nach dem Feng Shui entspricht jeder Teil deines Hauses einem anderen Aspekt deines Lebens. Hast du alten Kram in dem Teil deines Hauses, der mit deinem guten Ruf zu tun hat, dann hinderst du diesen Aspekt deines Lebens am Fließen. Andere Orte haben einen Bezug zur Arbeit, zum Erfolg, zu zwischenmenschlichen Beziehungen, zu Geld und so weiter. Das gilt auch für alte Anschauungen und Meinungen: Stehen sie deinem Leben im Wege, dann räume sie weg. Hat sich in dir eine alte Erinnerung wie ein Felsblock festgesetzt, dann schreib sie nieder, und verbrenne das Papier anschließend, um die Sache zu bereinigen.

Beseitigst du alten Kram aus deinem Haus, dann beginne darüber nachzudenken, wie du ihn ersetzen willst. Beginne zu visualisieren, daß eine neue Energie in dein Leben tritt, so daß etwas Neues und Freudigeres zu dir fließen kann.

Betrachte das Aufräumen nie als bloß passives Geschehen.

Tu es mit der Energie, die besagt: »Ich bin jetzt für Neues in meinem Leben bereit. Das ist es, was ich will.«

Sei meisterlich und nutze das Gesetz des Fließens, um dein Leben so zu gestalten, wie du es willst. Beziehungen gedeihen, wenn es einen Fluß offener Kommunikation gibt. Wohlstand kommt zustande, wenn wir das Ausfließende durch das Einfließende ausgleichen.

*Schwimme mit dem Strom,*
*und du wirst die Quelle erreichen.*

# Kapitel 11
# Das Gesetz der Fülle

Fülle bedeutet das Dahinfließen mit Liebe, Freude, Glück, Wohlstand, Erfolg, Vitalität, Lachen, Großzügigkeit und allem Guten des Lebens.

*Unser Leben ist erfüllt, wenn wir im Strom der höheren Eigenschaften des Lebens sanft dahingleiten.*

Es ist unser natürliches Geburtsrecht, in der Fülle zu fließen, denn das ist es, was das Göttliche für uns alle möchte. Nur eines kann dich daran hindern, von der *höchsten Quelle* offenherzige Großzügigkeit zu erfahren – dein Bewußtsein. Der Strom der Fülle fließt dann zwar in deine Richtung, doch schaffen deine Gedanken, Meinungen, Erinnerungen und Ebenen des Begehrens Schranken dagegen.

Steht in deinem Garten ein schöner Rosenstrauch, dem eine Schlingpflanze die Lebenskraft aussaugt, dann ist das keine Fülle. Er kann für einen Augenblick großartige Blüten tragen – doch sie werden nicht durch neue ersetzt, wenn du das Rankengewächs nicht beseitigst, das den Lebensfluß zum Erliegen bringt. Ein guter Gärtner wird die Pflanze entfernen, die den Rosenbusch stranguliert, damit dieser weiterhin großartig blühen kann. Es liegt ganz an uns, die Anschauungen zu beseitigen, die unsere Fülle strangulieren.

Liebe bedeutet, all deine Beziehungen zu genießen. Wir blockieren die uns zustehende Fülle von Liebe, wenn wir unsere Herzen verschließen. Die Schlingpflanze unserer Befürchtungen und Ängste, abgewiesen und verletzt zu werden, entwickelt sich dann zu einer Strangulierung unseres Herzens. Sie veranlaßt uns, an Beziehungen festzuhalten oder aber uns zurückzuziehen. Wir hören auf zu lieben, wenn unser Verstand die Oberhand gewinnt und wir die Unvollkommenheit des anderen sehen. Dann verbinden wir Ego mit Ego. Dein Ego ist die Furcht deiner niederen Persönlichkeit, und sie bildet Felsblöcke, welche das Fließen der Liebe blockieren.

Verliebt sein heißt, im anderen das Göttliche sehen und Seele mit Seele verbinden. Das erlaubt unserer Leidenschaft zu fließen. Ein verliebtes Paar, eine Mutter, die ihr Baby liebt, Kollegen, die einander mit Ideen befruchten, Freunde, die gemeinsame Interessen teilen – sie alle glühen vor Liebe. Alle Menschen um sie herum lächeln, denn es gibt keine anziehendere Energie als Verliebtsein. Die *Quelle* ist Liebe, so daß kein Mangel besteht. Liebe fließt aus dem Herzen Gottes zu uns allen, daher öffne dein Herz für eine Fülle von Liebe.

Erfolg ist ein Geisteszustand, keine besondere Leistung. Ist dein ganzes Wesen darauf konzentriert, ein bestimmtes Ziel zu erreichen, das man als Erfolg bezeichnet, dann gibt es im Augenblick des Erreichens einen Augenblick freudiger Erregung. Dann muß man sich ein neues Ziel setzen und wieder danach streben.

Erfolg ist also nicht der Versuch, einen Fluß voranzutreiben, was nur zu Streß, Frust und Mangel an Selbstwertgefühl führt. Ob wir eine Fülle von Erfolg erfahren, hängt damit zusammen, ob wir mit dem Strom des Lebens fließen, die verschiedenen Strömungen ausnutzen und unsere Reise genießen können.

*Wahrer Erfolg ist ein Gefühl von Zufriedenheit und Erfüllung.*

Ich erinnere mich an den Besuch bei einer Freundin, die niemandem erlaubte, sich um sie zu kümmern, obwohl sie krank zu sein glaubte. Als sie sich erholt hatte, sagten ihr ihre Freunde, wie frustrierend sie das fanden. Sie gab zu, sich sehr gewünscht zu haben, daß man sich um sie sorgte und kümmerte, doch sie habe sich nicht überwinden können, das zuzulassen.

Unabhängigkeit ist eine wundervolle Eigenschaft, aber es ist ebenfalls angemessen, uns von anderen Menschen helfen zu lassen. Es ist ein Teil des Gebens und Nehmens im Fließen. Je mehr wir uns selbst erlauben, etwas zu empfangen, desto besser fühlen wir uns innerlich. Wenn wir dann innerlich erfüllt und zufrieden sind, sind wir erst wirklich in der Lage, anderen zu helfen.

Ißt du immer nahrhafte Mahlzeiten, die deinen Blutzucker regulieren, dann gierst du nicht nach Süßigkeiten. Läßt du es zu, regelmäßig Nahrung zu dir zu nehmen, dann schmachtest du nicht voller Bedürftigkeit. Gibt es in unserem Leben einen natürlichen Zu- und Abfluß von Fürsorge und Ernährung, dann fühlen wir uns ausgeglichen und erfüllt von Liebe.

Wie oben, so unten. Kluge irdische Eltern werden dir geben, was du brauchst, wenn sie meinen, du seist reif dafür. Sind Eltern nicht klug, dann schenken sie einem Kleinkind eine fragile Porzellanpuppe. Das Kind wird sie wahrscheinlich zerbrechen oder ihr die Haare ausreißen. Das geschieht nicht aus Böswilligkeit, sondern weil das Kind für solch ein Geschenk noch nicht reif ist.

Wie lautstark das Kleinkind auch eine Porzellanpuppe wie die der Schwester einfordern mag – die Eltern werden warten, bis sie der Ansicht sind, das Kind sei nun in der Lage, die Puppe richtig zu behandeln. Dasselbe gilt für den Himmel. Du magst noch so sehr die Fülle fordern, die du suchst – das Universum wird sie dir erst gewähren, wenn du beweisen kannst, daß du bereit bist, sie anzunehmen.

Das Gesetz der Fülle ist sehr einfach. Willst du im Leben mehr Freunde, dann sei freundlich zu anderen. Beseitige die Felsblöcke des Argwohns, der Langeweile oder des Verletzens, die deinen Fluss der Freundlichkeit blockiert haben.

Willst du in deinem Leben mehr Glück, dann denke daran, daß die Gedanken, Anschauungen oder Erinnerungen, die dich traurig stimmen, der Vergangenheit angehören. In diesem Augenblick besitzen sie keine Wirklichkeit. Lerne zu lächeln.

Willst du in deinem Leben mehr umsorgt und gehegt werden, dann beseitige die Schranken, die verhindern, daß das geschieht. Öffnest du dich dafür, dann werden sich die anderen automatisch um dich sorgen. Materielle Dinge fließen dir zu, wenn du ein Bewußtsein der Fülle hast.

*Fülle ist dein Geburtsrecht.*
*Öffne dich dafür,*
*sie zu empfangen.*

# Kapitel 12
# Das Gesetz der Klarheit

Bist du dir vollkommen klar darüber, was du willst, dann nimmt jeder deine Botschaft genau auf und reagiert entsprechend.

Einem mir bekannten jungen Mann namens John gelang es, seine Freundin über eine schmerzhaft lange Zeit hinzuhalten, indem er ihr widersprüchliche Botschaften zukommen ließ. Er pflegte bei ihr aufzutauchen und zu sagen, er wolle nur ein Freund sein, um dann jedoch über Nacht zu bleiben. Bat sie ihn um Hilfe im Umgang mit ihren Kindern oder im Haushalt, konnte er einfach nicht nein sagen. All seinen Freunden sagte er stets: »Aber ich habe ihr doch absolut klar gemacht, daß ich nicht interessiert bin.« Alle sagten ihm, er sende widersprüchliche Botschaften aus. Anita war das ganz gewiß nicht klar. Sie betete ihn an und war bereit, aus allem, was er tat oder sagte, herauszulesen, daß er sie liebe.

Sie brauchte mehr als ein Jahr für die Erkenntnis, daß er keine feste Beziehung zu ihr wollte. Sie durchlitt ein Jahr der Angst in einer Situation des Hin und Her, des Ein- und Ausschaltens, die wirklich ihr Vertrauen erschütterte. Und danach mußte sie noch den Kummer der Trennung erleiden. Während jener Zeit war ihre seelische Energie in Sorgen, falschen Erwartungen und Ärger festgefahren. Seine Energie steckte in Ängsten und Schuldgefühlen fest.

*Mangelnde Klarheit bindet psychische Energie und läßt dich in Verwirrung verharren. Klarheit macht dich frei fürs Vorangehen und öffnet neue Türen.*

Paul hatte jahrelang mit Jeanne zusammengelebt. Zunächst waren sie sich sehr nahe gewesen, doch in den letzten beiden Jahren hatte er sich ihr entfremdet. Er traf sich mit einer anderen, in die er sehr verliebt war; Jeanne vermutete das und machte ihm ständig Szenen. Er wollte sie verlassen, konnte ihr jedoch einfach nicht die Wahrheit sagen. Mir erzählte er, er bringe es nicht über sich, Jeanne zu sagen, daß er sie nicht mehr liebe. Das Ergebnis war, daß Jeanne, Paul und seine neue Freundin, metaphorisch ausgedrückt, in einem lähmenden Sumpf lebten und niemand einen Ausweg sah. Die Zukunft war voller Verwirrung.

Erst als Paul sich entschloß, ohne Rücksicht auf die Konsequenzen auszuziehen, wurde Klarheit möglich. Jeanne wußte nun wenigstens, woran sie war. Sie wechselte ihren Arbeitsplatz und lernte einen neuen Mann kennen. Paul fühlte sich endlich frei und imstande, wieder Luft zu holen. Er beschloß, allein zu leben und sich selbst Raum zu schaffen um herauszufinden, wer er eigentlich war. Seine Geliebte gewährte ihm den Freiraum, den er benötigte, mit dem Ergebnis, daß dies ihre Energie freisetzte, sich auf ihr Studium zu konzentrieren.

*Klare Entscheidungen führen aus Festgefahrenheit zur Freiheit.*

Machen wir uns Sorgen und kreisen unsere Gedanken immer wieder um die Vorstellungen aller erdenklichen Folgen, dann tappen wir im dunkeln. Stell dir ein Licht vor, das über deinem Kopf eingeschaltet wird, sobald du bereit bist, etwas zu tun. Überlegst du, in ein Geschäft einzusteigen, während du noch die Möglichkeiten prüfst, dann ist das Licht aus. Sobald dir klar ist, daß du es tun willst, sage: »Das ist das Geschäft, in das ich einzusteigen gedenke.« Das Licht über deinem Kopf wird sich einschalten.

---

*In dem Augenblick, in dem du eine klare Entscheidung triffst, geht über deinem Kopf ein Licht an. Die Mächte, die es im Universum gibt, sehen dieses Licht und stellen sich hinter dich, um deine Vision zu manifestieren.*

---

Marschierst du in einem dichten Nebel, so kannst du leicht vom Weg abkommen und dich fürchterlich verirren. Vielleicht läufst du in bezug auf Menschen, Situationen oder deine ganz persönlichen Ängste im Kreis und hast keine Ahnung, in welche Richtung du gehen sollst.

Es gibt zwei Möglichkeiten, das Gesetz der Klarheit zu aktivieren: Bist du vom Weg abgekommen, verirrt, frustriert und kannst wegen des dichten Nebels nicht sehen, welchen Weg du einschlagen mußt, dann warte geduldig, bis die Sonne den Nebel vertreibt und du sehen kannst, wo du dich befindest. Dann wird dir die Richtung sehr klar. Bist du andererseits in einer Niederung, in der ständig Nebel herrscht, mit dem Ergebnis, daß du bereits lange Zeit im Kreis gelaufen bist, dann entscheide dich dafür, in eine Richtung zu gehen.

Es ist zwingend notwendig, eine Entscheidung zu treffen, wie schwierig sie auch erscheint und wie ängstlich du sein magst – taste dich vorsichtig vorwärts, bis du klar siehst.

Das englische Wort *decision* für Entscheidung kommt aus dem Lateinischen *decedere,* das »abschneiden« bedeutet. Eine Entscheidung schneidet dich von anderen Möglichkeiten ab.

Du mußt dich dann auf den Weg konzentrieren, den du gewählt hast. Die schnellste Art, auf dem spirituellen Weg voranzukommen, ist die, klare Entscheidungen zu treffen und sie zu verwirklichen. Klarheit öffnet die Tür zur Zukunft.

Wahrhaftigkeit, Ehrlichkeit, Echtheit, Integrität sind die Eigenschaften der Klarheit. Andere greifen dies auf und reagieren auf dich, weil sie dir vertrauen.

Teile dem Universum deutlich mit, was du dir wünschst und was du brauchst. Murmelst du nur oder weißt du nicht, was du willst, dann sendest du eine wirre Botschaft an das Versandhaus im Himmel und erhältst vielleicht einige überraschende Dinge, die du eigentlich nicht bestellt hast. Klare Gedanken und Absichten holen dir aus dem Universum, was du für dein Leben verlangst. Vergiß niemals: Du bist ein Meister. Es ist dein Recht zu bestellen, was du brauchst, und zu erwarten, daß deine Bestellung ausgeführt wird.

*Klarheit ist der erste Schritt*
*zur Freiheit und zur Erfüllung*
*deiner Herzenswünsche.*

# Kapitel 13
# Das Gesetz der Absicht

Willst du schwimmen gehen, so magst du davon vielleicht abgelenkt werden. Ist deine Absicht zu schwimmen aber stark, so wirst du alle Hindernisse überwinden, um deine Absicht zu verwirklichen. Auf vergleichbare Weise wird jemand, der beabsichtigt, ein Buch zu schreiben, damit viel eher Erfolg haben als jemand, der ein Buch zu schreiben *hofft*. Absichten sind machtvoller als Wollen, Wünsche oder Hoffnungen. Die Absicht setzt eine Kraft frei, die Dinge geschehen läßt.

Stell dir einen Bogenschützen vor. Er zieht die Bogensehne zurück und hält den Bogen gespannt, während er sein Ziel anvisiert, bevor er den Pfeil losläßt. Was auch immer dein Ziel im Leben ist: Du sammelst die Energie und visierst das Ziel an. Dann wird die Macht des Universums hinter deiner Vision entfesselt. Selbst wenn du deine Absicht nicht unmittelbar verwirklichen kannst, hast du doch eine mächtige Kraft in Gang gesetzt.

Jemand erzählte mir, man schulde ihm seit beträchtlicher Zeit eine Summe Geld. Woche um Woche zögerte er, etwas zu unternehmen. Als mitfühlender Mensch verstand er die Schwierigkeiten der anderen Person. Eines Tages beschloß er jedoch, das Geld vor Gericht einzuklagen; er hatte die feste Absicht, es sich zu holen. An jenem Nachmittag schrieb er der Dame, die die Schulden bei ihm hatte, einen klaren Brief. Eine halbe Stunde später, noch bevor er ihn zur Post gegeben hatte, rief sie ihn an und teilte ihm mit, der Scheck werde noch an diesem Tage in die Post gehen. Er erhielt ihn am folgenden Morgen.

Hast du die Absicht, jemandem zu einer bestimmten Zeit Heilenergie zu schicken, dann wird die Kraft in jenem Augenblick ausgestrahlt, ob du die Fernheilung nun wirklich in jenem Augenblick ausführst oder nicht.

Neulich wurde mir die Macht der Absicht deutlich demonstriert. Ich hielt in London einen Tag der Engel ab: Unsere Absicht war, eine große Lichtsäule zu schaffen, so daß die Engel durch diese starke Schwingung nach London gelangen konnten, um dann Liebe und Licht über England in die Welt zu verbreiten. Da Engel hochfrequente Wesen sind, fällt es ihnen schwer, ihre Frequenz so weit zu senken, daß sie dunkle Orte betreten können. Sie können diese leichter erreichen, wenn wir für sie Lichtbrücken bauen, auf denen sie sich bewegen können. Vor diesem Ereignis erhielt ich Anrufe aus aller Welt, bei denen die Anrufer mir sagten, sie würden sich einzeln oder in Gruppen auf den Tag der Engel einstimmen, um ihre Energie mit einfließen zu lassen.

Der Balkankrieg befand sich damals gerade auf seinem Höhepunkt. Meine Freundin Elisabeth erzählte mir, Tom Spencer, Abgeordneter des Europaparlaments, werde am Tag der Engel in Mazedonien sein; er ist Vorsitzender des Außenpolitischen Ausschusses des Europaparlaments und intensiv mit den Angelegenheiten des Balkans beschäftigt. Sie nahm Kontakt zu ihm auf, und er berichtete später folgendes:

»Ich und mein Ausschuß hatten beobachtet, wie die Tragödie sich immer weiter entwickelte, und wir waren fest entschlossen zu tun, was wir tun konnten, um zu helfen. Deshalb arrangierte ich eine Konferenz der Vorsitzenden aller Auswärtigen Ausschüsse. Zwei Tage lang rangen Parlamentarier aus zwölf

Ländern, darunter die Albaner, mit der Angst, die die Region fest im Griff hielt. Am Sonntag zur Mittagszeit kletterten wir in einen Bus, um durch die Berge nach Skopje, der Hauptstadt Mazedoniens, zurückzukehren. Unter dem Druck der Ereignisse hatte ich mein Versprechen gegenüber Elisabeth und somit auch Diana vergessen, mich an diesem Sonntagnachmittag auf das Treffen am Tag der Engel zu konzentrieren, das so viele Meilen entfernt in London stattfand.

Einige Teilnehmer stiegen in Skopje aus, während viele von uns weiter in nordwestlicher Richtung zum Stankovic-Camp fuhren. Der Nachmittag war trübe und kalt, und der Bus bahnte sich seinen Weg über die Felder zu dem durch Stacheldraht gesicherten Lager. Gruppen von verzweifelten Albanern, die in Mazedonien lebten, riefen durch den Stacheldraht und versuchten, mit Freunden und Verwandten im Lager Kontakt aufzunehmen.

Das Lager war von britischen Soldaten in großer Eile aufgebaut worden. Fünfzigtausend Menschen lebten in schnurgeraden Reihen weißer Zelte. Da die mazedonische Regierung fürchtete, die zerbrechliche Einheit des eigenen Landes könne destabilisiert werden, bestand sie darauf, daß die vielen neu ankommenden Kosovo-Albaner sich nicht mit der eigenen albanischen Bevölkerung vermengten; man bewachte daher das Gelände um das Lager.

Die Atmosphäre war physisch und emotional sehr angespannt, der Gestank von fünfzigtausend Menschen, die nur wenige Waschgelegenheiten hatten, penetrant. Auf beiden Seiten des Lagertores erzählten die angstvollen Gesichter vom Terror der vorausgegangenen drei Wochen. An der Wand einer Baracke, die einst für den neuen Flughafen von Skopje vorgesehen gewesen war, hingen Papierfetzen und Namenslisten. Sie erzählten die Geschichte eines ganzen Volkes, dessen Angehörige verzweifelt versuchten, sich nach dem Holocaust wiederzufinden.

Während der Bus sich seinen Weg durch das von Menschen verstopfte Tor bahnte, überfiel uns ein starkes Gefühl der Furcht. Was sollte ein mit der Situation befasster Politiker angesichts solchen Leidens sagen? Schweigend kletterten wir aus dem Bus und mischten uns in die Menge. Wir wurden von einem Meer ängstlicher Gesichter überschwemmt, Menschen, die nach Neuigkeiten, Rat und Hoffnung verlangten. Eine halbe Stunde lang strömte uns die Litanei entsetzlicher Geschichten entgegen. Jede Geschichte wurde mit großer Würde und einem erstaunlichen Mangel an Wut erzählt. Es ging um ermordete Familienangehörige, auseinandergerissene Familien, auf den Kopf gestellte Lebensentwürfe. Wir wanderten in kleinen Gruppen durch die langen Gassen zwischen den Zelten.

Dann geschah etwas Wunderbares. Die Wolken verzogen sich, ein ganz besonderes Licht durchflutete das Lager. Plötzlich war es ein warmer und angenehmer Abend. Die Atmosphäre hatte plötzlich etwas vom Treiben einer Landwirtschaftsausstellung und einer Strandpromenade, wie sie typisch für den Mittelmeerraum ist. An den Ecken des Lagers flatterten Fahnen über den von Deutschen, Taiwanesen und Israelis errichteten Feldlazaretten. Durch den trocknenden Morast quälten sich die Fahrzeuge von einem Dutzend Wohltätigkeitsorganisationen.

Inzwischen summte das Lager von Menschen, die Arm in Arm spazierten und miteinander redeten, als wäre ihr Leben nur für einen kurzen Augenblick gestört worden. Man lachte, Wärme und Würde waren zu spüren. Ein NATO-Hubschrauber flog über uns hinweg. Ein kosovanischer Journalist berichtete mir von der außergewöhnlichen Freundlichkeit der britischen Soldaten, die das Lager gebaut hatten. Sie arbeiteten vierundzwanzig Stunden am Tag und fanden immer noch Zeit zu lächeln und mit den Kindern zu spielen.

Die Stimmung im Lager war jetzt fast fröhlich. Junge Männer spielten Basketball, Frauen saßen in den Ecken und sprachen über die Zukunft. Das große Lager, das ohne jede zentrale Organisation war, bewegte sich und atmete wie eine große, in sich geschlossene Einheit. Die nackte Schönheit der Berge, die zuvor noch bedrohlich schienen, war nun ins Licht der untergehenden Sonne getaucht.

Wir kletterten in unseren Bus zurück und verließen das Lager voller Entschlossenheit und Hoffnung. Ein halbes Dutzend Kollegen und ich wurden in einem Berghotel untergebracht, von dem aus man auf Skopje hinuntersah. In der Ferne markierten ein paar Lichter den Umkreis des Lagers. Erst dann fiel mir mein Engagement für den Tag der Engel ein. Ich verglich die Uhrzeit, und sie paßte genau: Ich hatte nichts anderes getan als dazusein, doch zweifle ich nicht, daß das Licht wußte, was es tat.«

Ich glaube, Tom Spencers Absicht, das Licht zu verankern, schuf einen Zugang für die Lichtbrücke, die wir von London aussandten. Viele Engel nutzten die Gelegenheit, sie zu betreten.

Man sollte nie die Macht der Absicht unterschätzen. Eine Frau erzählte mir, sie habe den Kontakt zu ihrem Bruder verloren. Beide hatten vor einiger Zeit miteinander gestritten, weil sie es nicht gern sah, daß er wieder heiraten wollte. Die neue Ehefrau hatte sie noch nie getroffen, und dennoch hatte sie Vorurteile ihr gegenüber. Einige Jahre vergingen, und sie begann zu bedauern, was sie damals gesagt hatte. Sie arbeitete an sich und erkannte, daß ihre Bitterkeit gegenüber dem Bruder an ihr nagte und sie krank machte. Schließlich hatte sie die feste Absicht, das alles hinter sich zu lassen. Eines Abends setzte sie sich ruhig hin und sprach mit ihrem Bruder, als säße er vor ihr. Sie sagte ihm, wie leid ihr tue, was sie gesagt hatte, und daß sie ihm viel Glück wünsche. In jener Nacht hatte sie einen lebhaften Traum, in dem ihr Bruder zu ihr kam, um ihr seine Ehefrau vorzustellen. Beide lächelten und sagten ihr, sie seien glücklich. Sie erwachte mit einem glücklicheren Gefühl, als sie es seit Jahren erfahren hatte, und wußte, daß alles zwischen ihnen gut werden würde, selbst wenn sie sich niemals persönlich begegnen würden.

Absichten spielen eine Rolle, wenn das Karma abgewogen wird, also die Bilanz unserer Gedanken und Handlungen mit ihren unvermeidlichen Konsequenzen. Ein Kind läuft auf die Straße vor einen Wagen und wird verletzt. Trägt der Fahrer karmische Verantwortung? Das hängt von seinen Absichten ab. Fuhr er vernünftig, so trägt er sie nicht. Er hat eine Lehre und möglicherweise einen initiatorischen Zwischenfall angezogen, um sich selbst auf die Probe zu stellen. Andererseits – war er betrunken oder ärgerlich und fuhr deshalb rücksichtslos, dann trägt er Verantwortung auf spiritueller Ebene und wird in irgendeiner Form dafür zahlen müssen.

Hat jemand böse Absichten und konzentrieren diese sich zum Beispiel darauf zu verletzen, zu schaden oder Unruhe zu stiften, dann wird dies in seiner seelischen Akte negativ vermerkt. Diese Absichten setzen giftige Pfeile frei. Es spielt keine Rolle, ob sie tatsächlich Schaden anrichten oder nicht: Die Absicht hat ihren Weg ins Universum gefunden und ist dort notiert worden.

*Sind deine Absichten edel und ehrenwert, dann wirst du für die Reinheit deiner Ideale belohnt werden, selbst wenn dein Plan keine Frucht trägt.*

Ein Sprichwort weiß: »Der Weg zur Hölle ist mit guten Vorsätzen gepflastert.« Das bedeutet, der Pfeil wurde zwar auf sein Ziel gerichtet, doch wurde die Sehne nicht zurückgezogen und gespannt. Es ist keine Energie da, der Pfeil fliegt nicht. Manchmal hat man auch nicht richtig gezielt, und der Pfeil fliegt am Ziel vorbei.

Ist deine Absicht klar und scheint dennoch nichts zu geschehen, dann wirst du vielleicht aus einem ganz bestimmten Grund aufgehalten. Stell dir folgendes vor: Du blickst auf dein Ziel. Du hast den Bogen aufgenommen und gezielt, doch läuft ein Tier zwischen dich und das Ziel. Die Zuschauer rufen: »Warte noch!« Du läßt den Bogen wieder sinken, wartest und beginnst von neuem. Es gibt stets einen höheren Grund für die Zurückhaltung.

Auf meine Bitte um Anleitung antworten meine Führer und Engel oft: »Was ist deine Absicht?« Denn es ist die Absicht, die uns die Richtigkeit eines Projektes oder einer Idee signalisiert. Sorge dafür, daß deine Absichten nicht deinem Ego entstammen, sondern auf das höchste Gute abzielen. Die universale Energie unterstützt die Absicht; sie ist die Grundlage der Manifestation.

Mit der »Zielsetzung« beschreibt man die klarformulierte Absicht einer Organisation. Liest man zu Beginn einer Zusammenkunft die Zielsetzung laut vor, dann behält man das Ziel im Auge. Forschungsergebnisse haben gezeigt, daß Unternehmen, die so etwas vor Geschäftskonferenzen tun, ihre Ziele schneller und besser erreichen als andere, die das nicht tun.

*Eine Absicht*
*ist wie ein abgeschossener Pfeil.*
*Nichts kann ihn mehr ablenken.*
*Also ziele mit Bedacht!*

# Kapitel 14
# Das Gesetz des Wohlstands

Alle Eltern wollen, daß es ihrem geliebten Kind gutgeht. Die *göttliche Quelle,* Vater/Mutter Gott, will das nicht anders. Du bist ein geliebtes Kind des Universums. Jetzt ist es an der Zeit, daß du dein göttliches Erbe beanspruchst und es dir gutgehen läßt.

Einige Dinge bewirken, daß es dir schlecht geht, während andere es dir erlauben, reich zu werden. Nehmen wir als Beispiel eine Pflanze: Setzen wir sie in einen ungeeigneten Boden voller Schnecken, mit zuwenig oder zuviel Wasser oder Sonne – würdest du dann erwarten, daß sie gedeiht? Beschneidest du ihre Wurzeln und ihren Wachstumsraum, gießt du sie niemals oder topfst sie immer wieder um, dann kann man erwarten, daß sie eingeht. Also pflanzt man sie in gute Erde und gibt ihr ausreichend Wasser und Sonne. Man läßt ihr die Freiheit zu wachsen und die Sicherheit, sich selbst zu versorgen. Man beschützt sie auch, sorgt für sie, ermutigt sie zu blühen.

Die spirituellen Gesetze, die dich veranlassen, zu verwelken oder zu gedeihen, sind dieselben. Eine abträgliche Geisteshaltung wirkt wie schlechter Boden: Glaubst du, Wohlstand nicht zu verdienen, dann ist dies steiniger Boden. Dagegen ist der Glaube an dich selbst gleichbedeutend mit reichhaltigem, fruchtbarem Boden. Angst und Apathie trocknen dich aus, während Enthusiasmus, Freude und Erwartung dich in die Lage versetzen zu wachsen.

Drücke dich kreativ aus. Gib dir selbst die Freiheit, dich zu entwickeln. Pflege deine Begabungen und Talente. Dein Wohlstand wird so zunehmen.

Wir schöpfen aus dem universalen Pool gemäß unserem Bewußtsein. Man hat entweder ein Bewußtsein von Armut oder von Fülle. Viele spirituell Strebende waren in früheren Leben Mitglieder religiöser Orden, wo sie ein Armutsgelübde abgelegt hatten; das war damals angebracht. Gilt es jedoch jetzt immer noch, dann dient es ihnen nicht, weil sie sich nur schuldig fühlen, wenn sie Geld besitzen. Nimmst du an, daß dies auch auf dich zutrifft, dann bitte um Befreiung von diesem Gelübde, oder sprich mit einem spirituellen Therapeuten, der dir helfen kann, es aufzulösen.

Viele alte Seelen schätzen materielle Dinge nicht so hoch wie jüngere Seelen. Das ist verständlich, weil sie in früheren Leben dem Materiellen nachgejagt haben und wissen, daß dies illusorisch ist. Manchmal verlieren sie den Überblick und meinen, materielle Dinge seien unspirituell. Viel zu viele nette Menschen glauben, es sei nicht göttlich, Geld zu besitzen. Dabei ist genau das Gegenteil wahr.

*Es ist gerade besonders spirituell, Geld zu besitzen und es klug und mit Liebe auszugeben.*

Dem Armutsbewußtsein liegt eine gewaltige Furcht zugrunde. Ich erhalte verzweifelte, ängstliche Briefe von Menschen, die wegen ihrer katastrophalen finanziellen Situation nicht mehr weiterwissen. Ihre gesamte verfügbare Energie ist durch ihre Konzentration auf den Mangel lahmgelegt.

*Es ist nicht spirituell, sich Sorgen um Geld zu machen.*

Habgier ist eine finanzielle Verdauungsstörung. Es ist so, als stehe man vor einem Buffet und lade seinen Teller voller, als man braucht, um seinen Hunger zu stillen. Sich so vollzustopfen macht dich krank oder blockiert deine Energie.

Hortest du Geld auf einer Bank, ohne es arbeiten zu lassen, dann sagst du praktisch dem Universum, daß du keines mehr brauchst. Dann wird es auch aufhören, dir mehr zu schicken.

*»Wer weiß, daß er genug hat, ist reich«, sagt Laotse. Das spirituelle Ideal ist, genug zu haben und zu wissen, daß dies Reichtum ist.*

Es war einmal ein Mann, der immer die beleidigte Leberwurst spielte und sich stets beklagte. Er war faul und fühlte sich wertlos, ließ Chancen aus, weil er nicht an sich glaubte. Er war unglücklich und arm. Bist du übelgelaunt, rechthaberisch und hast stets die Faust geballt, dann wirst du dich nie zufrieden oder glücklich fühlen, denn Armutsbewußtsein ist eine Haltung.

Menschen mit großzügigem Herzen, offenem Geist und Freigebigkeit werden stets zufrieden und glücklich sein. Ihre Haltung des Reichtumsbewußtseins wird dafür sorgen.

Der legendäre Paul Getty war reicher, als die meisten Menschen es sich vorstellen können. Er besaß Milliarden und war von materiellen Gütern umgeben, lebte jedoch allein und in ständiger Angst vor Verlusten. Er war ein reicher Mann mit Armutsbewußtsein.

*Wohlstand bedeutet, das Gefühl zu haben, daß es einem finanziell wohl ergeht.*

Viele Pharaonen, Joseph von Ägypten sowie zahlreiche bedeutende und wohlhabende Herrscher waren fortgeschrittene Meister, die die Verantwortung des Reichtums auf sich genommen hatten. Die Lehre aus dem Wohlstand bedeutet, Reichtum mit Klugheit zu nutzen.

*Reichtum verleiht Verantwortung und Macht.*

Es gibt eine Geschichte über einen weisen und wohlhabenden Herrscher. Dieser König hatte vier Kinder, die er innig liebte. Schließlich wurden sie erwachsen und gingen in die weite Welt, um ihr Glück zu versuchen. Der Vater hoffte, sie würden eines Tages mit Erfahrungen zurückkehren, die man nutzen konnte, sowie mit neuem Wissen und neuer Weisheit.

Jahre vergingen, und der König begann zu glauben, sie würden niemals zurückkehren. Eines Tages erschien eine zerlumpte Bettlerin an den Toren und verkündete, sie sei seine Tochter. Als man ihm dies berichtete, eilte der verschreckte König zum Palasttor und stellte fest, daß sie wirklich seine Tochter war.

»Wie konntest du nur so tief sinken?« rief er verzweifelt. »Komm herein, geliebte Tochter.«

Er geleitete sie in den Palast und befahl, ihr neue Kleidung zu bringen und zu ihren Ehren ein Festbankett auszurichten. Doch sie wollte nichts dergleichen. Sie fühlte sich des Königreichs nicht würdig und zog es vor, die Tage außerhalb des Palastes mit Betteln, Jammern und Klagen zu verbringen. Ihr Vater war niedergeschmettert.

Einige Zeit verging. Dann erschien ein junger Mann am Palasttor und erklärte, er sei der Sohn des Königs. Voller Freude eilte der Vater zum Tor, um ihn zu begrüßen, und befahl wieder, neue Kleidung zu bringen und ein Festmahl auszurichten. Zu seiner Bestürzung schien sein Sohn jedoch sein Geburtsrecht vergessen zu haben. Der König traf ihn an, wie er wie ein Dienstbote die Treppen schrubbte. Sein Sohn sagte, er fühle sich nicht würdig, das Königreich zu empfangen. Er verhielt sich in jeder Weise servil, mußte ständig etwas tun, um seinen Lebensunterhalt zu rechtfertigen. Der Vater war verzweifelt.

Monate vergingen, bis eines Tages eine schöne Dame in einer von sechs Schimmeln gezogenen Karosse durch das Tor hereinfuhr und verkündete, sie sei des Königs Tochter. Sie wurde zum König geführt, der voller Freude war, daß seine geliebte Tochter endlich zurückgekehrt war. Sie genoß das Festmahl und den Ruhm, eine Prinzessin zu sein. Als er sie jedoch aufforderte, ihm beim Regieren zu helfen, sagte sie: »Nein. Es ist dein Königreich, Vater. Du regierst es.« Sie wollte Reichtum, ohne Verantwortung zu tragen. Der Vater war zutiefst betroffen.

Schließlich kehrte das vierte Kind zurück. Es war ein netter junger Mann mit klaren Augen und einem ausdrucksvollen Gesicht. Der alte König freute sich bei seinem Anblick. Der junge Mann genoß das Festmahl und seine Position als Sohn seines Vaters. Er bereiste das Königreich und sagte dann zu seinem Vater: »Ich bin mit neuen Ideen und Vorschlägen zurückgekehrt. Wie kann ich helfen?«

Der König antwortete: »Mein Sohn, ich möchte, daß du an meiner Seite regierst und mit mir Verantwortung für das Königreich übernimmst.«

»Das will ich gern tun«, antwortete der Sohn.

Sein Vater lächelte und fühlte sich erleichtert. Er war entzückt.

*Wahrer Wohlstand kommt, wenn wir den Reichtum, der unser Geburtsrecht ist, akzeptieren, sowie die damit verbundene Verantwortung und Macht.*

*Denk, sprich und handle,*
*als seist du reich,*
*und du wirst das Universum dazu bringen,*
*dir Wohlstand zu schicken.*

# Kapitel 15
# Das Gesetz der Manifestation

Jedes einzelne Ding in deinem Leben hast du selbst manifestiert. Du hast vielleicht die Gesetze der Aufmerksamkeit, der Anziehung, des Gebets oder irgendein anderes der spirituellen Gesetze benutzt, um diese Dinge zu dir zu holen. Das meiste davon geschieht unbewußt.

*Spirituell Strebende, die sich auf Information und Anleitung durch Engel und höhere Lichtwesen einschwingen und ihren Verstand und ihre Emotionen meistern, können etwas absichtlich manifestieren.*

Wir leben in einem Meer göttlichen Bewußtseins, in dem die Symbole unserer Herzenswünsche schwimmen. Das, was du in dein Leben hineinziehen willst, schwimmt bereits im Äther der nichtmanifestierten Welt wie ein schöner Fisch, der darauf wartet, daß du ihn an der Leine einholst. Jeder Fisch hat seine eigene Frequenz und sendet auf dem himmlischen Wellenband. Deine erste Aufgabe ist es, die Schwingungsfrequenz der von dir gesuchten Vision einzustellen. Damit soll ein Zugang zu der Information geschaffen werden, die du brauchst, um sie in dein Leben zu holen.

Ein in den himmlischen Meeren schwimmender Fisch gibt Laute in einer hohen Frequenz von sich. Um ihn zu dir heranzulocken, mußt du einen dazu passenden Laut aussenden.

Deine unaufhörlichen Gedanken senden eine Interferenz aus, die deine Feineinstellung auf die Frequenz stoppt, welche du brauchst, um hören zu können. Das ist so, als wolle man einen Fisch fangen, indem man wild im Wasser herumplanscht. Stimmen, Bootsmotoren, Sirenen, der Lärm der Außenwelt stören deine Fähigkeit, sich auf die Mitteilung des Fisches einzuschwingen. Schwimmst du in trübem Wasser, dann wird der Fisch sich dir wahrscheinlich nicht nähern, oder er bemerkt es nicht, wenn er es tut. Suche klares Wasser auf, indem du deinen Geist ruhigstellst. Sei sicher, daß du weißt, welche Art von Fisch du wirklich suchst – sonst könnte es sein, daß du einen Hai an der Angel hast. Klarheit ist ein Schlüssel zur Manifestation.

Sei ruhig und klar. Hebe deine Frequenz an zu der des Gewünschten, dann wird es sich dir nähern. Willst du einen Freund, der offenherzig, humorvoll und unterhaltsam ist, dann mußt du diese Eigenschaften auch in dir selbst entwickeln.

Die Fähigkeit der Manifestation ist eine gewaltige Macht; deshalb ist es von entscheidender Bedeutung, nur für das höchste Gute zu manifestieren. Der erste Schritt darin besteht, daß man meditiert und auf die innere Anleitung lauscht, so daß vollkommen klar ist, was man zu manifestieren gedenkt. Sobald du Klarheit besitzt, stelle dir bildlich vor, was du wünschst. Visualisieren ist ein wichtiger Schlüssel dafür, daß die Bilder in die rechte Gehirnhälfte eingehen, die wie ein unerhört kreativer Computer funktioniert.

Du mußt absolut fest daran glauben, daß das Gewünschte unterwegs ist. Zweifle nicht. Laß dich nicht ablenken. Halte an der Vision fest.

Bist du ein Wesen aus einer hohen Dimension wie Jesus Christus, dann kannst du durch die Macht deiner klaren Vision und des Glaubens Brot sowie Fisch aus der nichtmanifesten Dimension materialisieren. Sai Baba, der in Indien lebende Avatar, tut dasselbe. Für seine Anhänger manifestiert er schönen Schmuck oder auch Vibhutti, heilende Asche. Wie ich gehört habe, gibt es viele Gurus und auch Magier, die diese Macht besitzen. Sie stellen ihre Frequenz auf den Fisch ein, den sie haben wollen, und er schwimmt in ihre Hände.

Während einige wenige Menschen aus der fünften Dimension allein mit der Kraft des Denkens manifestieren können, müssen Personen der dritten oder vierten Dimension zur Tat schreiten, um zu manifestieren. Als ich einmal mit meiner Tochter über Manifestation sprach, sagte sie mir: »Erinnere die Leute daran, daß sie klein anfangen müssen.« Sie erzählte mir, wie sie am selben Morgen für sich selbst ein Tuch manifestiert hatte. Auf dem Weg in die Stadt zur Bibliothek begann ihre Nase zu laufen. Sie hatte kein Taschentuch bei sich und wollte auf keinen Fall eine Familienpackung Papiertaschentücher kaufen, die sie dann mit sich hätte herumtragen müssen. Also beschloß sie, ein Tuch zu manifestieren. Sie war sich absolut klar, daß sie eins haben wollte und daß auch Gott wollte, daß sie eines bekäme. Also gab es irgendwo ein Tuch für sie. Es bestand für sie nicht der geringste Zweifel daran, daß ihr so ein Tuch geliefert werden würde. Also hielt sie die Augen offen.

Als sie in die Bibliothek kam, lag unter dem Tisch der Bibliothekarin eine Vorratspackung Papiertücher. Also handelte sie und bat um eines. Die Bibliothekarin sagte: »Nehmen Sie so viele, wie Sie brauchen, meine Liebe.«

Es besteht kein Unterschied zwischen dem Manifestieren eines kleinen Tuches und dem Manifestieren von etwas Größerem. Die Hauptsache ist unser Glaube an unsere Fähigkeit, es zu tun.

Hast du Schwierigkeiten, deine Wünsche klar zu formulieren, dann schreib genau auf, was du willst. Willst du einen Partner, so beschreibe im Detail, wie er oder sie aussehen soll.

Das liefert deinem Computer in der linken Gehirnhälfte, deinem logischen Denken, Informationen. Entspanne dich, und visualisiere diese Person, so daß der Computer in deiner rechten Gehirnhälfte, dein kreativer Geist, mit der linken synchron arbeitet. Dann vergewissere dich, daß du selbst über entsprechende Eigenschaften verfügst. Willst du eine offene, warmherzige Person, dann überprüfe, ob du selbst offen und warmherzig bist.

Willst du einen Wagen manifestieren, dann schreib genau auf, was du haben willst. Stell ihn dir bildlich vor. Dann sorge dafür, daß du Schwingungen aussendest, die zu den Schwingungen des gewünschten Wagens passen. Hast du ein Kleinwagen-Bewußtsein, dann hat es keinen Zweck zu versuchen, einen Rolls-Royce zu manifestieren. Du mußt imstande sein, das gute Gefühl zu haben, das selbst zu besitzen, was du manifestierst. Richte deine ganze Aufmerksamkeit auf die höheren Eigenschaften dessen, was du manifestieren willst, und dann richte dich nach ihnen aus. Würde es dir ein Gefühl der Befriedigung geben, einen bestimmten Job zu haben, dann konzentriere dich auf dieses Gefühl der Zufriedenheit. Tue Dinge, die dir Zufriedenheit bringen, bis dein inneres Gefühl sich auf den angebotenen Job einstimmt. Dann manifestiert er sich dir.

Eine Methode, die Angelschnur nach einem Fisch auszuwerfen, ist die, auf einem Stück Papier genau aufzuzeichnen, was du haben willst. Sorge dafür, daß die Energie die richtige ist. Also achte auf die Farben, die du verwendest, denn jede einzelne Farbe hat eine bestimmte Schwingung. Schreib auf dein Bild: »Dieses oder etwas Besseres manifestiert sich jetzt für das höchste Gute von allen.« Du hast vielleicht um eine Sprotte gebeten, während das Universum bereit ist, dir eine Makrele zu schenken.

Nachdem du nunmehr deine Angelschnur mit einem Köder versehen hast, der für deinen Fisch verlockend ist, mach einen Spaziergang, und warte darauf, daß der Fisch sich nähert. Mit anderen Worten, laß ab von deinem Verlangen. Dann kehre zurück und tu, was immer notwendig ist, den Fisch an Land zu ziehen.

*Om* ist der Laut der Schöpfung. Jeder Laut hat seine Schwingung. Einige Laute zerstören, andere heilen. *Om* reinigt, macht ruhig und manifestiert. Sobald du die obenerwähnten Schritte unternommen hast, stelle dir deine Vision bildlich vor, während du *Om* sprichst. Das beschleunigt ihre Manifestation. Verschiedene Traditionen schreiben *Om* oder *Aum*.

Nachfolgend eine Zusammenfassung der Schritte, die notwendig sind, um das Gesetz der Manifestation zu aktivieren.

1. Sei ruhig und hör zu.
2. Sei dir klar darüber, was du willst.
3. Entspanne dich und visualisiere, wie du erhältst, was du dir wünschst.
4. Schwinge dich auf das ein, was du manifestieren willst.
5. Hab totales Vertrauen darin, daß es auf dem Weg zu dir ist.
6. Halte an deiner Vision fest und sprich *Om* für seine Manifestation.
7. Unternimm alles, was notwendig ist.

*Wirf deine Angel aus*
*in den himmlischen Ozean.*
*Schwinge deine Frequenz auf die deiner Vision*
*ein, und sie wird sich in deiner Realität*
*manifestieren.*

# Kapitel 16
# Das Gesetz des Erfolgs

In materiellen Begriffen ausgedrückt, bedeutet Erfolg einfach, daß man das gewünschte Ergebnis erzielt. Ob es auf Gutes oder Schlechtes hinausläuft, es finden immer dieselben Gesetze Anwendung, denn die universelle Energie wird deinen freien Willen unterstützen.

Materiellen Erfolg erzielt man am leichtesten durch Anwendung des Gesetzes der Aufmerksamkeit. Sei dir darüber klar, was du willst, hab das notwendige Vertrauen und die Entschlossenheit. Dann arbeite stetig an deiner Vision. Konzentriere dich ununterbrochen darauf. Nutzt du zum Erreichen des Ziels dieses Gesetz, dann kannst du dir keinen einzigen negativen Gedanken leisten. Wichtiger noch: Du kannst dir kein einziges negatives Bild leisten.

Deine Anschauungen schaffen eine Energie, die um dich vibriert. Der Erfolg kommt, wenn du an dich selbst glaubst. Beobachte deine Anschauungen, und beseitige sorgsam alle darunter, die dir nicht helfen, das Ziel zu erreichen.

Geht es um Erfolg in der Liebe, dann achte auf deine Anschauungen über die Liebe. Folgende versprechen Erfolg: »Ich bin liebenswert. Ich vertraue den Menschen. Ich reagiere freundlich auf Annäherungsversuche anderer Menschen. Ich öffne mein Herz und gebe großzügig von mir selbst ab. Ich entspanne mich und glaube, liebenswert zu sein.«

Geschäftliche Erfolge bewirken Meinungen wie: »Ich kann den Menschen vertrauen. Ich verdiene es, Erfolg zu haben. Ich verdiene es, schöne Dinge zu besitzen. Ich kann mit allem umgehen.«

Im spirituellen Bereich bedeutet Erfolg zu haben, an sich selbst zu glauben, das Beste zu tun, das man tun kann, und das beste Ergebnis für jedermann anzustreben.

Der Erfolg stellt sich ein, wenn wir die Energie in die richtigen Bahnen lenken. Meiner Ansicht nach ist Sai Baba im Augenblick das Wesen mit der höchsten Schwingung auf unserem Planeten. Täglich strömen Tausende von Menschen zu seinem Ashram, um Darshan zu bekommen, den Segen, den seine Anwesenheit vermittelt. An den meisten Tagen geht er durch die Menge der Menschen, die mit gekreuzten Beinen schweigend auf dem Boden des Tempels sitzen. Er sammelt die Briefe ein, die treue Anhänger ihm aushändigen. Einige nimmt er an, andere weist er zurück. Nimmt er deinen Brief an, dann ist die darin enthaltene Bitte gesegnet. Natürlich sind die Menschen entzückt, deren Brief angenommen wurde. Das signalisiert ihnen, daß sie die Energie ihrer Briefe richtig gelenkt haben.

Oft sind die Menschen verbittert und desillusioniert, deren Briefe nicht akzeptiert wurden. Das ist die Folge eines Mißverständnisses des spirituellen Gesetzes. Ist ihre Bitte spirituell nicht gerecht, wie können sie dann erwarten, daß sie gesegnet wird?

Einer meiner Freunde namens Kevin blieb mehrere Wochen in Sai Babas Ashram in Puttaparthi. Er verfaßte einen Brief, in dem er um Segen für den nächsten Schritt in seinem Leben bat, so wie er ihn sah. Obwohl Sai Baba direkt an ihm vorbeiging und die Briefe der zu beiden Seiten Sitzenden in Empfang nahm, wurde Kevins Brief ignoriert. Er war überrascht, jedoch nicht verzweifelt und wußte, daß er würde ruhig meditieren müssen, bis er alles recht machte. Nach der Meditation schrieb er einen weiteren Brief, der vom ersten leicht abwich. Auch dieser wurde ignoriert. Erneut betete und meditierte er, bis ihm blitzartig eine Art Erleuchtung zuteil wurde und er imstande war, die Dinge aus einer anderen Perspektive zu sehen. Mit dieser neuen Erkenntnis schrieb er einen mehr aus dem Herzen (Liebe) denn aus dem Ego (Verlangen) kommenden Brief. Als Sai Baba diesen gnädig in Empfang nahm, lächelte er Kevin an, der nun wußte, daß er hinfort mit göttlichem Segen durch das Leben wandeln konnte.

*Der Erfolg stellt sich ein, wenn unsere persönlichen oder kollektiven Schwingungen in der Schwingung des gewünschten Ergebnisses Resonanz finden.*

Bist du in dir stimmig, dann vertrauen die Menschen deiner Aura von Integrität. Sprichst du also so, wie du es meinst, und handelst dementsprechend, dann wirst du Erfolg haben, solange das positiv geschieht.

Man denkt in der linken Gehirnhälfte und hat bildliche Vorstellungen in der rechten. Bilder sind kraftvoller als Gedanken. Denkst du Erfolg, doch stellst dir bildlich Mißerfolg vor, dann wirst du scheitern. Und mehr noch: Sind deine Gedanken und Bilder einander entgegengesetzt, dann ringen zwei machtvolle Aspekte in dir miteinander. Das führt zu Depressionen, Erschöpfung und Verwirrung.

*Befinden sich die linke und rechte Gehirnhälfte in Übereinstimmung, so daß du erfolgreiche Gedanken hast und dir den Erfolg bildlich vorstellst, dann sind Erfolg und Harmonie unvermeidlich.*

Fällt der Erfolg dir aus dem Nichts in den Schoß, dann ist das Karma, eine Belohnung für in einem früheren Leben geleistete Arbeit, deren Früchte du in diesem Leben erntest. Das Karma hat dich zur rechten Zeit mit der passenden Geisteshaltung an den rechten Ort gestellt. Der Erfolg ist das unvermeidliche Resultat der Energie, die du während der Reise deiner Seele durch mehrere Lebensspannen investiert hast. Es ist dasselbe, ob du für das Böse arbeitest und eine negative Vision hast, etwa einen Bankraub, oder für das Licht arbeitest, indem du anderen Menschen zum höchsten Guten verhilfst. Der Unterschied besteht darin: Erfolg in schlechten Dingen führt zu Schulden, die unausweichlich bezahlt werden müssen, irgendwo, in irgendeinem Leben. Dann fühlst du dich vom Unglück verfolgt. Erfolg in guten Dingen beschleunigt die Reise deiner Seele zum Aufstieg. Das Glück ist deinem Leben hold. Glück und positive Zufälle sind das Ergebnis guten Karmas.

Wer Erfolg haben will, muß auch dem Gesetz des Fließens folgen. Ein Rad kann sich nicht drehen, wenn es verrostet ist. Bevor das Fahrzeug sich vorwärtsbewegen kann, muß erst der Rost beseitigt werden. Willst du das Gesetz des Erfolges aktivieren und dem Rad des Glücks erlauben, sich für dich zu drehen, dann gib das Alte auf, und konzentriere dich positiv auf das, was du sein möchtest.

*Um erfolgreich zu sein, beseitige den physischen, mentalen und emotionalen Schutt.*

Du kannst nicht erfolgreich sein, wenn du nicht weißt, wohin du gehst. Willst du das Meer zum Kontinent hin überqueren, dann triffst du vor dem Aufbrechen gewisse Vorbereitungen. Du entscheidest dich für einen Zielort, beispielsweise Marseille oder Calais. Es gibt stets genug Flexibilität, um später die Richtung zu wechseln. Man überprüft Windrichtung und Strömungen, belädt das Schiff mit den notwendigen Vorräten. Bist du dann zum Aufbruch bereit, dann wirfst du die Maschinen an. Zu viele Menschen bleiben erfolglos, weil sie ihre ganze Zeit mit dem Planen der Reise verbringen, jedoch niemals starten. Schließlich lichte den Anker. Das bedeutet, daß du das Alte aufgibst und das Risiko eingehst, dich in eine andere Zukunft zu bewegen.

*In spirituellen Begriffen wird Erfolg gemessen an dem Gefühl der Zufriedenheit und Erfüllung, das er dir vermittelt.*

Hast du Millionen verdient und bist davon gestreßt, dann gilt das in den Augen des Geistes nicht als erfolgreich. Ebensowenig bist du erfolgreich, wenn du zwar die Bergspitze erreicht hast, dabei jedoch anderen geschadet hast. Auch, wenn du der Gewinner bist, deine Integrität dabei jedoch Schaden genommen hast, dann kann man das nicht als Erfolg bezeichnen.

*Du bist erfolgreich, wenn du dein Ziel durch Kooperation und Stärkung anderer erreicht hast.*

*Erfolg stellt sich ein, wenn deine Schwingung mit der Schwingung des gewünschten Ergebnisses in Resonanz steht.*

# Die Gesetze des höheren Gewahrseins

# Kapitel 17
# Das Gesetz des Ausgleichs und der Polarität

Ein Kind auf einer Schaukel schwingt in einem immer größer werdenden Bogen auf und ab, bis es so weit nach vorn und hinten geschwungen ist wie möglich. Nachdem es dies so lange getan hat, wie es wollte, verlangsamt es die Bewegung und kehrt zurück zu einem Punkt der Ausgeglichenheit und Ruhe.

Unser Lebens verläuft ähnlich. Wir erleben einen Aspekt des Lebens und dann das Gegenteil davon. Je mehr wir ein Extrem zu erkunden wünschen, desto weiter schwingen wir vom Zentrum weg. Dann müssen wir in die andere Richtung schaukeln, um das Entgegengesetzte zu verstehen.

Erleben wir Lebensspannen des Reichtums, dann müssen wir das Gegenteil erleben, das heißt Armut. Werden wir zum Tyrannen, dann wünscht unsere Seele dies dadurch auszugleichen, daß wir Opfer werden. Wir alle haben ungelöste Aspekte in uns, und unser Ziel ist es, die polaren Gegensätze auszugleichen, damit wir in Ausgeglichenheit leben können. Da unser Bewußtsein sich heute sehr schnell fortentwickelt, um zum Gleichgewicht zu gelangen, statt ganze Lebensspannen dazu zu brauchen, bringen wir die verschiedenen Aspekte unserer Persönlichkeit zum Vorschein und zielen darauf ab, sie während der jetzigen Lebensspanne auszugleichen.

Ein manisch-depressiver Mensch schwingt so extrem von einem Pol zum anderen, daß er außer Kontrolle gerät. Ich kannte jemanden, der manchmal ein kraftvolles, tyrannisches, herrschsüchtiges Ungeheuer war. Hatte er andere durch sein Verhalten zu weit von sich weggestoßen, dann wurde er zum bedauernswerten Opfer, um sie wieder an sich zu ziehen. Das sind polare Positionen. Bringt dieser Mann seine Persönlichkeiten ins Gleichgewicht, dann wird er nicht länger zu herrschen versuchen, sondern sich statt dessen selbst akzeptieren und lieben und andere sie selbst sein lassen.

Wer manchmal großzügig ist und alles verschenkt, dann wieder bösartig und zurückhaltend, der schwingt zwischen zwei Polen hin und her. Seine Aufgabe ist es, sich in bezug auf Geld zu zentrieren.

Eine andere verbreitete Schaukelei zwischen Polen ist es, einmal sehr wütend und dominant, und dann wieder ganz teilnahmslos und uninteressiert zu sein. Das sind entgegengesetzte Formen von Kontrolle. Der Ausgleich besteht darin, offenherzig und ausgeglichen zu sein.

Völlerei und Hungerleiden sind entgegengesetzte Pole, eine Manifestation dessen, daß man sich außer Kontrolle fühlt und deshalb versucht, alles zu kontrollieren, was nur möglich ist.

Männliche Energie ist Handeln, Denken, Logik, Aggressivität. Das weibliche Gegenstück ist Sein, schöpferisch, intuitiv, passiv sein. Unser Ziel ist es, diese Pole innerlich auszugleichen, so daß wir unserer Intuition lauschen *und* danach handeln können. Wir können kreative Ideen haben *und* sie bis zu ihrer Vollendung durchdenken, können ruhen *und* spielen, hegen *und* beschützen. Ist eine dieser Eigenschaften aus dem Gleichgewicht, dann sind wir aufgerufen, unsere Mitte zu finden und neue Lebensentscheidungen zu treffen.

Ich machte einst eine interessante Erfahrung, die mir zweifellos geschickt wurde, um mir Widerspiegelungen entgegengesetzter Polaritäten in mir selbst zu zeigen. Ich verbrachte einige Tage mit einer Freundin, die Beraterin und Heilerin ist. Sie verkörpert das weibliche Prinzip. Wir behandelten uns gegenseitig und sprachen natürlich viel miteinander. Sie ist außerordentlich sanft und zurückhaltend. Ich fühlte mich sehr offen und bereit, mich ihr zu offenbaren, und verließ sie mit dem Gefühl, respektiert, energiegeladen, unterstützt und bestärkt zu sein. Ich hatte das Gefühl, viel Gewahrsein erlebt und alte Muster losgelassen zu haben.

Später in jener Woche verbrachte ich einige Tage mit einer anderen Freundin. Sie ist sehr kraftvoll, sarkastisch und ständig auf dem Trip, das Letzte aus einem Menschen herauszuholen. Sie verkörpert das maskuline Prinzip zäher Entschlossenheit: Ihre Einsichten sind außergewöhnlich und sehr hilfreich. Dennoch fühlte ich mich vergewaltigt, ausgelaugt, widerspenstig und undankbar. Obwohl ich ihr erzählte, wie ich mich fühlte, nahm sie das überhaupt nicht zur Kenntnis, weil ihr persönliches Ziel ihr wichtiger war als meine Gefühle. Ihr persönliches Ziel war, meine negativen Muster aus mir zu entfernen, ob ich es ihr nun gestattete oder nicht. Eine meiner Aufgaben ist es also, den Teil in mir, der rücksichtslos und draufgängerisch ist, mit dem ins Gleichgewicht zu bringen, der unterstützend und stärkend ist.

Wenn es dir nicht gefiel, wie man dich als Kind behandelt hat, dann wirst du das wahrscheinlich bei deinen eigenen Kindern überkompensieren. Waren deine Eltern zum Beispiel zugeknöpft und knauserig, dann gibst du deinen Kindern vielleicht mehr, als du dir leisten kannst. Beschützten sie dich zu sehr, dann läßt du deinen Kindern vielleicht zuviel Freiheit.

Wir suchen stets nach einem Gleichgewicht. Finden wir es, dann haben wir unsere Lektion gelernt – sie ist für alle Zeit erledigt. Aspekte deiner Persönlichkeit auszugleichen ist wie Radfahren zu lernen: Zuerst fällst du nach der einen oder der anderen Seite um, dann schwankst du hin und her. Schließlich findest du das Gleichgewicht und fährst künftig ohne Schwierigkeiten. Selbst wenn du dann einmal viele Jahre lang nicht Fahrrad fährst, wird es dir leichtfallen, wenn du es das nächste Mal wieder versuchst. Vielleicht schwankst du ein oder zweimal, doch kommt es nicht mehr zu dem heftigen Torkeln, das du ganz zu Anfang erlebt hast.

Dieser Gleichgewichtspunkt ist die Balance, die wir in allen Dingen suchen.

*Unser Ziel ist es,*
*alle Aspekte unseres Lebens auszubalancieren.*

# Kapitel 18
# Das Gesetz des Karmas

Ich habe Tom vor zehn Jahren zum ersten Mal getroffen und mochte ihn auf Anhieb. Er war stets warmherzig und freundlich, wirklich an Menschen interessiert und hörte ihnen gern zu. Jemand erzählte mir, selbst als Kind sei er schon freundlich und besonnen gewesen. Sein Leben war gewiß nicht einfach gewesen, doch fand er stets Zeit für andere, wie schlecht die Dinge auch für ihn standen.

Als er in den Vierzigern war, ergab sich für ihn eine günstige Gelegenheit, seinen lebenslangen Traum zu verwirklichen, eine Firma zu gründen. Das bedeutete, daß er und seine Frau in eine neue Gegend ziehen und Kapital aufbringen mußten. Doch er besaß dafür nicht genug Geld. Im letzten Moment starb ein Nachbar, der sich manchmal um ihn gekümmert hatte, als er noch ein Kind war, und den er zwanzig Jahre lang nicht gesehen hatte, und vererbte ihm eine beträchtliche Summe Geldes. Es war genau der Betrag, den er brauchte, um das Wagnis einzugehen. Die Energie der Besonnenheit, Freundlichkeit und Güte, die er so lange ausgestrahlt hatte, wurde vom Universum in die Energie des Geldes umgewandelt und ihm zur rechten Zeit zurückgegeben. Tom erhielt die gerechte Belohnung guten Karmas.

Haß und Wut sind zerstörerische Energien. Sendest du sie aus, dann werden sie auch in irgendeiner Form wieder zu dir zurückkehren. Das kann geschehen in Form eines Hundebisses, einer Krankheit, eines Unfalls oder als jemand, der dich haßt.

Das Gesetz des Karmas lautet: »Wie du gibst, so empfängst du.« Böse Gedanken und Taten kehren zu dir zurück, aber auch Freundlichkeit, Besonnenheit, Liebe, Freude und Großzügigkeit. In genau dem Maße, in dem du diese Eigenschaften lebst, wirst du *irgendwann* in deinem Leben Gleiches erfahren. Das muß nicht aus der Richtung kommen, in die du es ausgesandt hast.

Karma wird aufgezeichnet und ausgeglichen. Liebevolle Gedanken, Gefühle, Worte und Taten stehen auf der Haben-Seite, negative sind Schulden. Das Universum fordert sie zurück, wenn wir es am wenigsten erwarten. Menschen, die nichts von Karma wissen, nennen es Schicksal oder Glück, gut oder schlecht.

*Es ist immer ratsam, bei der Karma-Bank einen Kredit zu haben, den man in Zeiten der Not in Anspruch nehmen kann. Denk, sprich und handle im Interesse des höchsten Guten, und du wirst stets »Glück« haben.*

Deine Familie ist dein Karma. Deine Seele sucht deine Familie aus, bevor du geboren wirst. Schwierige Familienbande können eine Konsequenz ungelöster Gefühle oder Situationen in einem vergangenen Leben sein. Du hast diese Familie zu diesem Zeitpunkt ausgewählt, weil du eine neue Chance wolltest, deine Probleme zu lösen. Sie bietet dir die Lektionen, die deine Seele braucht, um zu lernen. Warme, liebevolle Gefühle enger Verbundenheit gegenüber Mitgliedern deiner jetzigen Familie sind ziemlich sicher ein Ausdruck dessen, daß du zu ihnen in einem anderen Leben eine liebevolle Bindung hattest. Du hast sie ausgewählt, damit sie dich unterstützen und dir eine solide liebende Grundlage für dieses Leben geben.

Als Menschen weigern wir uns oft, die Chancen zu nutzen, die unsere Verwandten uns für unser Wachstum und die Umwandlung unseres Karmas bieten. Statt dessen ziehen wir es vor, die alten Rachefeldzüge oder Gefühle der Trennung und des Zorns mit uns herumzutragen. Ich habe oft Leute sagen hören: »Wir können uns unsere Freunde aussuchen, jedoch nicht unsere Familie.« Tatsächlich wählt unser höheres Selbst unsere Familie aus, während wir unsere Freunde je nach unserer Persönlichkeit aussuchen.

Ich kannte einen alten Mann, der außerordentlich autoritär war. Während seiner langen Ehe hatte seine Ehefrau nicht viel zu lachen: Obwohl sie viel Liebe füreinander empfanden, hatte er sie stets geringgeschätzt und ihr gesagt, sie könne nichts richtig machen. Schließlich verlor sie ihr Selbstvertrauen.

Als sie älter wurde, wurde sie etwas senil, was ihr die Entschuldigung dafür gab, verrückte Dinge zu sagen und zu tun. Wenn sie das tat, kicherte sie und übernahm absolut keine Verantwortung für ihre Worte und Taten. Gelegentlich attackierte sie ihn sogar physisch. Er war zutiefst verstört, denn er hatte nun keine Kontrolle mehr über sie.

Als ich die Familie eines Tages besuchte, sagte mir der Sohn des alten Mannes mit einem Schulterzucken: »Sie zahlt ihm einfach alles zurück für die Jahre, in denen er sie so schrecklich behandelt hat.« Eine karmische Situation wurde zu Ende gespielt.

Kurz vor dem Ende ihrer Lebenszeit verhielt sich der Ehemann ihr gegenüber sanfter und freundlicher. Trotz ihres senilen Zustandes reagierte sie darauf mit mehr Verantwortung und Liebe. Von einem zum anderen begann Liebe zu strahlen, was schön anzusehen war. Ich hoffe, daß beide in diesen letzten Wochen die Verletzungen heilen und ihr Karma-Konto ausgleichen konnten, so daß sie einander lieben und stärken können, wenn sie wieder zusammen inkarniert werden.

*Lieben und stärken wir einander,*
*so heilen wir karmische Beziehungen.*

Es ist ein Vergnügen, mit Menschen zusammen zu sein, die gutes Karma in ihre Ehe einbringen. Eine indische Dame, die eine äußerst glückliche arrangierte Ehe führte, sagte mir, ihr Ehemann sei wunderbar. Selbst nach vierundzwanzig Jahren Ehe beteten sie einander noch an. Er sei liebevoll, großzügig, klug, hilfsbereit und arbeite hart. »Ich weiß, es war ein gutes Karma, das ihn in mein Leben brachte«, sagte sie mit strahlendem Lächeln. »Ich bin wirklich gesegnet.«

*Hast du mit jemandem ein Problem, so wünsche ihm mental alles Gute. Damit wird das Karma zwischen euch zu heilen beginnen.*

Geistige Dispositionen, die du in dieses Leben mitbringst, sind ebenfalls dein Karma. Hast du die Disposition, dich nicht für gut genug zu halten, so wird diese Anschauung unweigerlich Dinge und Menschen in dein Leben hineinziehen, die dir ein Minderwertigkeitsgefühl geben.

Keith war das älteste Kind in der Familie, und wie viele andere Erstgeborene hatte er die Disposition zu glauben, er sei für jeden verantwortlich. Er entschied sich dafür, sich als der Älteste zu inkarnieren, weil ihm das ermöglichte, sein Karma abzuschließen. Als er noch ganz klein war, sagte sein Vater zu ihm: »Du mußt dich um deine Brüder und Schwestern kümmern.« Da dies seinen Anschauungen entsprach, nahm er diese Bemerkung sehr ernst. Von diesem Zeitpunkt an trug er die Last für seine Brüder und Schwestern finanziell und emotional.

Als Erwachsener überprüfte er seine Anschauungen und änderte sein Verhalten. Ihm wurde klar, daß seine Geisteshaltung ihm nicht dienlich war und ganz gewiß auch nicht seinen Geschwistern. Er ließ ihnen die Freiheit, Verantwortung für ihre eigenen Finanzen und Gefühle zu übernehmen. Das befreite ihn von der karmischen Last, die er getragen hatte, und ließ ihnen die Freiheit zu wachsen.

*Du trägst dein Karma nur so lange, bis du die Lektion gelernt hast. Unwissenheit bewirkt, daß du die Bürde weiter tragen mußt. Befreie dich jetzt durch Gewahrsein und Liebe.*

Positive Anschauungen schaffen gutes Karma. Mein Freund Robin glaubte daran, daß das Universum immer für ihn sorgen werde. Seine Beziehung zu seiner Ehefrau zerbrach, und er mußte aus dem gemeinsamen Haus ausziehen. Er hatte kein Geld, um Miete zu zahlen, traf jedoch jemanden, der ihn einlud, zu ihm zu ziehen, und beide wurden gute Freunde. Bald danach mußte er sich in einem Krankenhaus einer Operation unterziehen. Eine Dame, die fast eine Fremde war, holte ihn aus dem Krankenhaus in ihr schönes Heim, wo sie und ihr Ehemann sich um ihn kümmerten.

Er erzählte mir, wenn er auf sein Leben zurückschaue, so sei er immer wieder auf unerwartete Weise unterstützt worden. »Ich vertraue wirklich darauf, daß das Universum sich meiner annimmt«, sagte er mir. Positive Anschauungen schaffen in deinem Leben ein gutes Karma. Dann geschehen wunderbare Dinge.

Du bist für deine Geistesverfassung verantwortlich, also ändere deine Programmierung, wenn sie dir nicht dienlich ist. Du bist die einzige Person, die das tun kann.

*Machen deine Anschauungen dich nicht glücklich,
dann ändere sie jetzt.*

Deine Gesundheit ist dein Karma. Bevor du dich inkarniert hast, hast du deine Familie, deine Herausforderungen im Leben und deine Mission gewählt. Du hast dir auch deinen Körper und deine genetischen Anlagen ausgesucht. Hast du für das Wachsen deiner Seele eine Familie mit einer Veranlagung für eine Krankheit ausgewählt, dann ist die Herausforderung, die dies darstellt, dein Karma. Vielleicht hast du eine Familie ausgesucht, die im Überfluß lebt, und einen Körper, der stark und gesund ist. Dann ist dies dein Karma. Deine von Augenblick zu Augenblick gewählten Gedanken und Gefühle werden deine Vitalität und Gesundheit beeinflussen. Das ist Karma.

Jesus Christus beschrieb Karma mit den Worten: »Du erntest, was du säst.« Kümmerst du dich sorgsam um deine Setzlinge, dann erhältst du bessere Pflanzen. Eine Heilerin erzählte mir, die Kinder in der Schulklasse ihrer Tochter pflanzten Bohnen auf Löschpapier. Ihr kleines Mädchen hielt ihre Bohne in den Händen und schickte ihr liebevolle Energie, bevor sie sie einpflanzte. Als die Lehrerin fragte, warum sie das tue, antwortete sie: »Ich schenke meiner Bohne Lebenskraft.« Offenbar waren die Ergebnisse ganz erstaunlich. Diese Bohne wuchs schneller und stärker als die anderen.

Für alles in unserer Lebenszeit gibt es einen genauen spirituellen Arbeitsplan. Häuft jemand massive karmische Schuld an durch das Einbrechen in Häuser, Autodiebstahl oder irgendeine Schädigung der Schöpfung Gottes, dann ist es seitens der Gesellschaft ein Akt des Mitgefühls und des gesunden Menschenverstandes, daß man diese Person einsperrt. Das bedeutet, sie kann nicht länger ihr Schuldenkonto vergrößern, das die nachfolgenden Leben noch schwieriger gestalten würde.

Der Bilanzbericht deines Karmas ist als deine Aufzeichnung in der Akasha-Chronik bekannt. Deine ganz persönliche Akte wird von deinem Schutzengel geführt, der während deines ganzen Lebens bei dir ist und den man auch den »buchführenden« Engel nennt. Die Herren des Karmas, unglaublich hochentwickelte Wesen, haben die Oberaufsicht über alle Aufzeichnungen, die im großen Akasha-Computer des Universums aufbewahrt werden. Bietet man dir eine Gelegenheit zur Inkarnation, dann helfen sie deiner Seele, wichtige Entscheidungen zu treffen, einschließlich der Auswahl der Eltern und dessen, was du in deiner Lebensspanne lernen und erreichen willst.

Das Karma wird von Lebensspanne zu Lebensspanne weitergetragen. Wir erfahren die Konsequenzen unserer Handlungen vielleicht erst in einem späteren Leben. Deshalb bestehen oft keine auffallenden und sichtbaren Beziehungen zwischen einer Handlung und ihren Konsequenzen – mit dem Ergebnis, daß viele Menschen das Gesetz von Ursache und Wirkung vergessen haben. Je höher unsere Schwingungen, desto schneller kehrt das Karma zu uns zurück. Hast du das Gefühl, niemals mit etwas davonzukommen, dann bist du dem sofortigen Karma unterworfen. Das bedeutet: Was immer du austeilst, kehrt unmittelbar zu dir zurück. Dies ist ein Zeichen dafür, daß du eine beschleunigte Entwicklung durchmachst, weil dein karmisches Gleichgewicht auf dem laufenden gehalten wird. Deine Seele erlaubt dir nicht länger, Schulden anzuhäufen.

Gott hat entschieden, daß nun die Zeit gekommen ist, in der das Karma auf Erden enden soll. Durch Meditation kannst du Zugang zu deiner Aufzeichnung in der Akasha-Chronik, der Bilanz deiner Schulden und Verdienste im Leben, gewinnen.

Wir sind unglaublich privilegiert, gerade in dieser Zeit zu

leben, denn wir können um göttlichen Dispens bitten, um uns von unserer karmischen Schuld zu befreien. Dies ist das erste Mal, daß er für Seelen auf der Erde verfügbar ist. Hast du alles nur Mögliche getan, um eine Situation oder Beziehung zu heilen, dann kannst du die *göttliche Quelle* in der Meditation über die Herren des Karmas um Dispens bitten, die Bürde deines Karmas aufzuheben.

*Wünschst du, eine sichere Zukunft zu genießen, dann zahle deine spirituellen Schulden zurück und erarbeite dir in der Bank des Universums einen Kredit.*

*Denk daran, daß du erntest, was du säst.*

# Kapitel 19
# Das Gesetz der Reinkarnation

Inkarnation (von lat. *caro*, Fleisch) findet statt, wenn dein Geist in einen physischen Körper eingeht. Reinkarnation ist das Prinzip der sich mehr als einmal wiederholenden Rückkehr in einen physischen Körper. Ist am Ende einer Lebensspanne etwas ungelöst oder unvollendet, dann ist deiner Seele nach dem Gesetz der Reinkarnation die Chance gegeben, in menschlicher Form zurückzukehren, um eben das zu lösen oder zu vollenden.

Betrügst du deinen Geschäftspartner, dann wird deine Seele wünschen, das wiedergutzumachen, indem du zurückkehrst und ihm oder ihr in einem anderen Leben hilfst. Hat ein Ehemann seiner Frau Leid zugefügt, dann werden beide wünschen, zusammen zurückzukehren, so daß die Seele des Mannes Wiedergutmachung leisten kann. Sie können sich als Ehemann und Ehefrau reinkarnieren oder als Eltern und Kind, Student und Lehrer oder auch als Freunde.

Beispielsweise fühlte eine Frau ein zwingendes Verlangen, sich um ihr chronisch krankes Enkelkind zu kümmern. Sie blieb ständig bei ihm. Während einer Zurückführung erkannte sie, daß sie in einem früheren Leben Ehemann und Ehefrau gewesen waren. In jenem Leben hatte der Ehemann seine Frau verlassen, und sie hatte danach schwere Zeiten durchmachen müssen. Die frühere Ehefrau war nun das

Enkelkind, und die Frau fühlte, daß sie diesmal bei ihm bleiben müsse.

Stirbt ein Elternteil und läßt seine Kinder ärgerlich, verwirrt oder mißverstanden zurück, dann werden ihre Geister nach dem Gesetz der Reinkarnation sich dafür entscheiden, gemeinsam zurückzukehren, um zu versuchen, auf andere Weise miteinander zu leben. Ganze Familien kehren oft zur selben Zeit in dem Bemühen zurück, die Dinge jetzt zu einem guten Ende zu bringen. Gemeinschaften, die sich in Konflikten oder im Krieg miteinander befinden, pflegen gemeinsam zur Erde zurückzukommen, um herauszufinden, ob ihre Seelen gemeinsam Frieden statt Kampf finden können.

Oft reinkarnieren wir uns wieder und wieder in ähnlichen Umständen, weil die Seele den Wunsch hat, die Vergangenheit endlich zu begraben. Sobald wir auf Erden sind, auf dieser materiellen Ebene freier Wahl, ist es allzuleicht, die Ideale und Perspektiven der spirituellen Welt zu vergessen. Wir machen erneut dieselben Fehler und bleiben im Zyklus der Reinkarnation gefangen.

Wie oben, so unten. Ein Kind bahnt sich seinen Weg durch Kinderkrippe, Kindergarten, Volks- und Oberschule. Später geht es vielleicht auf die Universität und erwirbt schließlich einen akademischen Grad. Die Erde ist eine Lehranstalt, in der uns die Lektionen in Form von Erfahrungen präsentiert werden. Die »Pausen«, »Wochenenden«, oder »Semesterferien« sind als Tod bekannt. Wir haben Ferien im Geiste, bevor wir zur Schule im Fleisch zurückkehren. So wie ein Schulkind und seine Eltern das Zeugnis am Ende eines Halbjahres studieren, überprüfen wir jede Lebensspanne, wenn wir sterben. Mit der Hilfe unserer Führer, Engel und spirituellen Mentoren, bekannt als Herren des Karmas, entscheiden wir, welche Lektionen wir auffrischen und welche Klassen wir wiederholen müssen. Wo wir uns gut geführt haben, da lernen unsere Seelen im folgenden Semester neue Lektionen.

Erdlinge, all diejenigen, für die unsere Erde eine primäre

Lernerfahrung auf der Reise ihrer Seele ist, besuchen alle »Klassen«, die die Erde anbietet. Sie erfahren Leben in jeder Religion, Leben als Soldaten, Bauern, Kaufleute, in den Künsten und jeglichem denkbaren Bereich, von dem sie etwas lernen können. Diese Seelen werden sich immer und immer wieder inkarnieren, um ihre Lektionen zu vervollkommnen und ihr Karma zurückzuzahlen. Sie werden alle Polaritäten erleben, etwa Schüler und Lehrer, Reich und Arm, Herr und Diener, Mörder und Ermordeter, Betrüger und Betrogener.

Die Akasha-Chronik enthält die Bilanz unserer Lebensspannen, die von den Herren des Karmas bewahrt wird. Gut und Böse sind Guthaben und Schulden. In zukünftigen Lebensspannen können wir unsere Kredite in Anspruch nehmen, müssen jedoch auch unsere Schulden begleichen. Es gibt viele Gründe für den Wunsch, sich zu reinkarnieren: um Unrecht gutzumachen, mit anderen Worten, um unsere Schulden zurückzuzahlen; um uns selbst zu erfahren und zu stärken; um mehr über Emotionen, Sexualität und andere Lektionen zu erfahren, die nur auf Erden verfügbar sind; um zu helfen, zu lehren, ein Licht zu sein oder auf diesem Planeten zu dienen.

Wegen ihrer schwierigen Bedingungen ist die Erde eine hochgeachtete Lehranstalt im Universum. Seelen tragen ihre Namen auf einer Warteliste ein, um hierherzugelangen, weil sie Wachstumschancen bietet, die anderswo nicht gegeben sind. Jede Lektion hier auf Erden hat mit Liebe zu tun.

Dies ist ein Planet freier Wahl. Jeder Gedanke, jedes Wort oder jede Handlung manifestiert sich in deinem Leben. Deine Geisteszustände und Emotionen gestalten deinen physischen Körper und liefern dir weitere Erfahrungen. Sobald du die Lektionen der irdischen Ebene gemeistert hast, kann deine Seele in vielen höheren Lichtinstitutionen der Universen dienen.

Die Erde ist das kosmische Äquivalent eines von Krokodilen verseuchten Sumpfes. Nur furchtlose Seelen stellen sich dieser Herausforderung: Kannst du sie bestehen, ohne dich mit Schlamm zu besudeln, dann bist du ein Held. Oft aber bleiben Leute im Sumpf stecken. Dann bieten erfahrene Seelen an, körperliche Gestalt anzunehmen und ihnen zu helfen. Tun sie das, dann werden auch sie »angesteckt« und müssen ebenfalls zurückkehren, um ihr Karma zurückzuzahlen.

Gegenwärtig geschieht etwas Neues. Die Erde bewegt sich in Richtung einer höheren Dimension. Das bedeutet, der Schlamm im Sumpf trocknet aus, und alle Gerippe und aller Abfall kommen ans Tageslicht. Jetzt ist die Zeit gekommen, unsere Abfälle anzusehen und sie zu beseitigen.

Ein vereinfachender Überblick:

Babyseelen pflegen in ihren ersten Inkarnationen ein sehr einfaches Leben zu wählen. Sie wählen vielleicht eine einfache Gesellschaft oder eine Familie, in der man sich ständig um sie kümmert. Oft bleiben sie nur ein paar Stunden, Tage oder Wochen, einfach um die Atmosphäre der Erde zu spüren.

Kleinkindseelen brauchen klare Instruktionen und Grenzen. Sie klammern sich an einen konservativen Glauben und sind gegen die Scheidung oder alles, was eine sichere Struktur zum Einsturz bringt. Sie erzeugen viel Karma für sich selbst aufgrund ihres Strebens nach starrer Kontrolle, ihres Dogmatismus oder missionarischen Eifers.

Teenagerseelen gehen hinaus in die Welt und erzeugen manchmal ein ziemliches Chaos. Sie neigen auch dazu, sich schwer in karmische Schuld zu verstricken, weil sie ihre Energie oft mißbrauchen. Doch verfügen sie über den Eifer und die Lebenskraft, ihre Unternehmungen auf den Weg zu bringen und Neues zu beginnen. Sie fordern die alten Verhaltensweisen heraus.

Seelen mittleren Alters werden langsam weise und beginnen, Schulden zu begleichen, die sie in früheren Inkarnationen angesammelt haben. Oft haben sie deswegen ein schwieriges Leben.

Alte Seelen sind weise und friedlich. Doch sie sind oft vom

Materiellen so distanziert, daß sie nicht versuchen, sich in der Welt besonders hervorzutun.

Letzten Endes gibt es einen spirituellen Gesamtplan aller Dinge. Wenn die Menschen doch nur wüßten, daß sie wiederkehren müssen, um das Unrecht in ihrem Leben wiedergutzumachen, dann würden sie vielleicht die spirituellen Gesetze beachten. Als der römische Kaiser Konstantin der Große und seine Mutter Helena im Jahre 325 alle Hinweise auf Reinkarnation aus dem Neuen Testament streichen ließen, haben sie dem Christentum meines Erachtens einen schlechten Dienst erwiesen. Im Jahre 553 bestätigte Kaiser Justinian in Konstantinopel diese Aktion und erklärte Reinkarnation zur Ketzerei, weil er fürchtete, ein Verständnis für das geheiligte Gesetz der Reinkarnation würde die wachsende Macht der Kirche schwächen.

Es ist nicht unsere Sache zu beurteilen, was ein anderer tut oder wie jeder die Lehren seiner Inkarnation anwendet. Sei dir nur bewußt, daß jede einzelne Seele viele Lebensspannen lang auf Reisen ist und aus dieser Reise Lehren zieht.

Nur eine junge Seele wird Menschen, Tieren oder dem Planeten Schaden zufügen. Habe Mitgefühl mit jungen Seelen, denn sie wissen nicht, was sie tun. Sie werden am Ende für das zahlen müssen, was sie anderen antun. Es ist Aufgabe einer entwickelten Seele, ihnen zu helfen, ohne Verantwortung für sie zu übernehmen oder sie gönnerhaft zu behandeln.

Die großartigste Art, einander zu helfen, ist, durch das eigene Beispiel aufzuzeigen, daß es eine andere Art zu leben gibt.

Reinkarnation bedeutet wörtlich »zurück ins Fleisch kommen«. Jetzt inkarnieren sich viele Sternenmenschen, um zu der Bewußtseinsverlagerung beizutragen, die gegenwärtig stattfindet. Sternenmenschen kommen von verschiedenen Planeten, manchmal aus verschiedenen Universen, wo sie natürlich keinen physischen Körper haben. Es gibt heute viele auf Erden, die von den Plejaden, vom Saturn, Mars, Jupiter, von der Venus, aus dem Andromedanebel und anderen

Galaxien stammen. Einige kommen aus noch weiter entfernten Universen.

Sternenmenschen sind entwickelte Seelen, die auf die Erde kommen, um zu helfen. Sie haben eine andere Perspektive auf das Leben. Sie sind auch hier, um Erfahrungen zu sammeln, und oft werden auch sie befleckt durch die Dualität der Erde und sammeln Karma. Dann wünschen sie zurückzukehren und die Schulden zu begleichen. Im allgemeinen haben sie weniger Karma, weil sie weniger Inkarnationen hatten und deswegen auch weniger Gelegenheiten, Karma anzusammeln.

Sternenmenschen haben oft das Gefühl, anders zu sein, und spüren, daß sie nicht hierhergehören. Findest du diese irdische Erfahrung seltsam und schwierig, kannst du den Irrsinn und die Dummheit der Menschheit nicht verstehen, weißt du, daß das Leben eine spirituelle und keine materielle Herausforderung ist, und hast den Wunsch zu dienen, so bist du mit großer Wahrscheinlichkeit ein Sternenmensch.

Sternenmenschen und Erdlinge gleichermaßen entscheiden sich, den Vorteil des sich jetzt öffnenden Fensters günstiger Gelegenheit für den Aufstieg zu nutzen. Aufstieg bedeutet, seine spirituellen Schwingungen auf eine solche Ebene anzuheben, daß man sich nicht mehr zu reinkarnieren braucht. Zu diesem Zweck muß man seine karmischen Schulden begleichen, die Lektionen der Erde gemeistert und Herz und Geist geöffnet haben.

Hat man einmal das Rad der Wiedergeburt hinter sich gelassen, dann begibt man sich zu höheren Ebenen des Universums und entwickelt sich weiter zum Licht.

*Du kehrst immer wieder zur Erde zurück,*
*bis du die spirituellen Gesetze gemeistert hast.*

# Kapitel 20
# Das Gesetz der Verantwortlichkeit

*Verantwortlichkeit ist die Fähigkeit, angemessen auf eine Person oder Situation zu reagieren.*

Wenn ein heller Trompetenton die Seelen dazu aufruft, gewisse Aufgaben zu übernehmen, reagierst du dann? Reagierst du auf deine Intuition und auf Visionen, die man dir sendet? Das Universum schickt dir Herausforderungen, um zu testen, wie du darauf antwortest. Aufeinanderfolgende Prüfungen bereiten dich auf spirituelle Fortschritte vor. Jetzt liegt es an dir zu beweisen, daß du verantwortlich handeln kannst. Vor jeder Beförderung mußt du Prüfungen bestehen, denn viele Seelen verlassen sich auf dich.

Wie oben, so unten. Sobald du meinst, dein Kind könne deinen Wagen sicher fahren, leihst du ihn ihm gern. Traut man einem Schüler zu, sich ehrenhaft und vernünftig zu verhalten, so wird er zum Vertrauensschüler ernannt. Ein Geschäftsmann wird erst befördert, wenn er demonstriert hat, daß er mit auftretenden Problemen fertig werden kann.

*Wenn die Herrschenden Mächte glauben, daß du eine bestimmte Aufgabe ordentlich erledigen kannst, dann werden sie dir die Verantwortung dafür übertragen.*

Im Leben gibt es gewisse Zeiten, in denen wir spirituelle Verantwortung übernehmen. Eine davon ist, ein Kind in die Welt zu bringen. Ob das Baby bewußt gewollt wird oder nicht, dein höheres Selbst und das höhere Selbst des Babys haben dem zugestimmt. Dein spirituelles Wachstum hängt davon ab, wie du darauf reagierst. Ein behindertes Kind sich inkarnieren zu lassen ist eine zusätzliche Verantwortung, die dir mehr Herausforderungen und Wachstumschancen bietet, wenn du dich dafür entscheidest, sie anzunehmen.

Verfolgst du ein großes Projekt oder geschäftliches Unternehmen, dann werden viele Seelen von deinen Entscheidungen betroffen. Leitest du etwa eine Schule oder ein Krankenhaus, dann bist du für das Wohlergehen vieler verantwortlich. Zeigst du dich integer und der Herausforderung gewachsen, dann wird dein spiritueller Fortschritt gefördert.

*Herausforderungen und Verantwortlichkeiten sind eine Ehre. Sie weisen darauf hin, daß du spirituell reif für Größeres bist.*

Alles und jeder einzelne, um den du dich kümmern mußt, sind eine Verantwortung. Reagierst du nicht auf die Herausforderung, dann kann sie dir weggenommen und zu einem anderen Zeitpunkt wieder gestellt werden.

Alles in deinem Leben ist eine Anleitung für dich. Wie kümmerst du dich um deine Kinder, dein Heim, deinen Garten, deine Kleidung und deine Bücher? Du hast die Verantwortung, dich um sie zu kümmern.

Man kann nicht große Verantwortung im Leben übernehmen, wenn man sich nicht um seine eigenen Bedürfnisse kümmert. Deine Emotionen und dein Geist bedürfen der Beachtung. Dein Körper ist ein Tempel, der auch gepflegt werden muß. Kümmere dich zunächst um dich selbst, dann bist du in der Lage, anderen zu helfen.

Jedoch bist du, deine kleinen Kinder ausgenommen, nicht für *jeden* anderen verantwortlich. Jedes einzelne Individuum trägt Verantwortung für die eigenen Gefühle und das eigene Geschick, und du hast nicht das Recht, die Last eines anderen für ihn zu tragen, denn dann behinderst du sein Wachstum.

---

*In deiner Verantwortung liegt es, andere zu befähigen, zu stärken und zu ermutigen, eigene Verantwortung zu übernehmen.*

---

Einer meiner Klienten namens Bernard war ein charmanter, wenn auch stets etwas besorgt aussehender junger Mann. Er hatte eine geistig zurückgebliebene Schwester. Sie war absolut in der Lage, für sich selbst zu sorgen, und konnte auch leichte Arbeit verrichten. Dennoch gibt es in unserer komplexen Gesellschaft einige Dinge, mit denen sie eindeutig nicht fertig wurde. Ihre Eltern konnten die Verantwortung für diese junge Frau am Ende nicht mehr tragen. Sie wollten mit ihr schließlich nichts mehr zu tun haben und sagten ihrem Sohn, er sei nun für sie verantwortlich. Er akzeptierte das. Keines der anderen Geschwister wollte etwas mit ihr zu tun haben, nur er beschützte sie.

Mußte er fortgehen oder eine längere Reise antreten, dann war er äußerst besorgt, daß sie mit dieser Situation nicht fertig werden könnte. Er bat eine andere Schwester, am Wochenende zu ihr zu fahren und sich um sie zu kümmern. Diese lehnte mit der Begründung ab, das sei nicht ihre Sache.

Schließlich mußte er sie allein auf sich gestellt zurücklassen, sich selbst zu versorgen. Als er von seiner Reise zurückkehrte, entdeckte er, daß sie im Haushalt all die Arbeiten selbst verrichtet hatte, die er jahrelang für sie getan hatte, in dem Glauben, sie sei dazu nicht imstande. Außerdem hatte sie einen Klempner gerufen, als ein Heizkörper leckte, hatte sich um das Kind ihres Nachbarn gekümmert, als es dort eine Krise gab, und selbst alle Einkäufe getätigt. Er erkannte, daß er jahrelang ihr Leben kontrolliert und ihr die Chance genommen hatte, Verantwortung für sich selbst zu tragen. Indem er sie allzusehr umsorgt hatte, hatte er ihr spirituelles Wachstum gehemmt.

*Übernehmen wir die Verantwortung für die Entscheidungen eines anderen, so dienen wir nicht seinem höchsten Wachstum.*

Eileen hatte einen Sohn von zwölf Jahren. Er drängte sie immer wieder, ihn bei einigen Freunden übernachten zu lassen. Das gefiel ihr gar nicht, und jedesmal wenn er die gefürchtete Frage stellte: »Bitte kann ich heute nacht bei Bill und Jo bleiben?«, entstand daraus Streit. Er wußte, daß sie es nicht mochte, daß er im Haus von Bill und Jo blieb, bat sie jedoch immer wieder darum.

Eines Tages beschloß sie, ihre Taktik zu ändern. Sie sagte: »Bitte mich nicht um Erlaubnis etwas zu tun, von dem du weißt, daß ich es nicht mag. Wenn du dort bleiben willst, dann entscheide dich, und übernimm dafür auch die Verantwortung.« Ihr Sohn war entsetzt. Er war gar nicht so wild darauf, bei Bill und Jo zu bleiben, ihm gefiel es jedoch, seiner Mutter Vorwürfe machen zu können, wenn sie nein sagte. Jetzt mußte er selbst die Verantwortung übernehmen. Er fragte nie wieder und übernachtete auch nicht bei den beiden. Er stritt aber auch nie wieder mit seiner Mutter darüber.

*Wir schwächen unsere Kinder, wenn wir zuviel Verantwortung für sie übernehmen. Eine geschwächte Person ist immer verärgert.*

Eine meiner Freundinnen leitete Arbeitsgruppen, in denen sie die Eltern der Kinder einer lokalen Schule betreute. Zur Einleitung sagte sie immer: »Haben Sie Probleme mit Ihrem Kind, dann erwarten Sie nicht, daß es sich ändert. Ändern *Sie* Ihr eigenes Verhalten, und Ihr Kind wird darauf reagieren.«

Die Eltern waren verblüfft, sahen jedoch die darin steckende Logik ein. Die Hauptsorge der meisten Eltern war es, die Kinder dazu zu bringen, ihre Hausaufgaben zu machen. Zu den Verhaltensmustern der Eltern gehörten Drohungen, Bestechung, Einschüchterung und auch, die Arbeit der Kinder selbst zu machen. Mit anderen Worten, die Eltern übernahmen die Verantwortung des Kindes für die Erledigung seiner Hausaufgaben.

Meine Freundin sagte zu ihnen: »Ihr Kind ist verantwortlich für seine Hausaufgaben. Weigert es sich, sie zu erledigen, dann sagen Sie einfach: ›Also gut. Dann machst du sie eben nicht.‹ Doch machen Sie das Spiel des Kindes nicht mit. Lassen Sie es die Konsequenzen selbst tragen.«

Die Eltern sahen verwirrt und doch erleichtert aus. Die Lehrer gaben meiner Freundin Schützenhilfe, und die Kinder begannen, ihre Hausaufgaben freiwillig zu erledigen.

*Wahre Verantwortung ist die Fähigkeit, auf die Bedürfnisse von allem um dich herum zu reagieren – auf Blumen, Bäume, Tiere, Menschen und den ganzen Planeten. Ein hochentwickeltes Wesen reagiert gütig auf jedes lebende Geschöpf im Universum.*

Ich aß einmal zu Mittag mit einer Frau, die ich sehr bewundere. Sie ist eine Heilerin, die Gruppen und ein Heilzentrum betreut und Tausenden von Menschen geholfen hat. Sie erscheint stets freundlich, ruhig und strahlend. Als ich sie fragte, wie sie auf ihren Weg gelangt sei, sagte sie mir, ihr Vater sei schizophren gewesen. Er verhielt sich seltsam, und sie empfand die Situation oft als bedrohlich. Doch sie gab ihm keine Schuld dafür und war auch nicht verärgert darüber. Sie akzeptierte, daß sie sich ihn als Vater ausgesucht hatte, damit er sie unglaubliche Lektionen lehrte. Durch die Erfahrungen, die sie mit ihm machte, lernte sie so viel, daß sie schließlich anderen helfen konnte. Die Erfahrungen ihrer Jugend gaben ihr das Mitgefühl und die Stärke, die sie darauf vorbereiteten, die Verantwortung für ein Heilzentrum zu tragen.

Es ist üblich, daß Kindern die Anschauungen ihrer Eltern übergestülpt werden. Manchmal machen wir uns aber auch eine Projektion von einem Lehrer zu eigen. Ein junger Mann namens James hatte sich stets unzulänglich gefunden. Dann erkannte er, daß er bereits mit zehn Jahren wegen Problemen zu Hause gedacht hatte, er sei weniger wert als die anderen. Damals hatte seine Lehrerin immer wieder zu ihm gesagt: »Du bist dumm.« Das hatte er in sich aufgenommen. Es war zu einem Teil seiner Programmierung geworden, und seitdem hatte er diese Last getragen.

Es war Zeit, diese Auffassung zu ihren Quellen zurückzuverfolgen. Er setzte sich hin und visualisierte, daß seine Lehrerin ihn aufsuchte. Bei dieser Gelegenheit sandte er seine Selbsteinschätzung an sie zurück. Erst danach war er imstande, sich an die Zeit zu erinnern, als er munter, aufgeschlossen und für seine Schnelligkeit bekannt war. Seine Selbstachtung und sein Selbstwertgefühl blühten auf.

Trägst du eine Familienanschauung mit dir herum, die Emotion einer Familie, ein Familiengeheimnis – gib all das der Person zurück, die es dir gegeben hat. Tu es liebevoll, aber entschlossen.

Als Alternative ruf die Engel und Aufgestiegenen Meister an, und bitte sie, die Energie umzuwandeln.

*Tragen wir die Last anderer Menschen, dann halten wir sie davon ab, zu wachsen und ihr eigenes Leben zu meistern. Wir behindern ihre Evolution und die des Planeten. Übernimmst du die Verantwortung für die Gefühle eines anderen, dann entehrst du ihn.*

Kannst du mit einem anderen nicht über eine Situation sprechen oder darüber, was du denkst, weil du fürchtest, er oder sie könnte sich verletzt, ärgerlich, eifersüchtig oder deprimiert fühlen, dann übernimmst du die Verantwortung für seine Gefühle. Dann tust du ihm Unrecht. Sprichst du ehrlich über deine eigenen Gefühle, dann übernimmst du die Verantwortung für dich selbst, und auf diese Weise befreist du die andere Person wie dich selbst.

Die meisten von uns projizieren die eigenen Gefühle auf die anderen. Anders ausgedrückt: Wir wissen, daß wir in dieser Situation ärgerlich sein würden, und deshalb stellen wir uns vor, die anderen müßten genauso reagieren. Wir laden unseren Kram bei ihnen ab.

Sagst du: »Ich kann es Joan nicht sagen, weil ich weiß, daß sie fürchterlich eifersüchtig sein wird«, dann projizierst du deine Eifersucht auf sie. Zwar mag Joan wirklich eifersüchtig sein – doch wenn sie das ist, dann fällt das in ihre eigene Verantwortung.

Verstehen wir das spirituelle Gesetz der Verantwortung, dann geben wir nicht mehr anderen Schuld oder projizieren unsere Gefühle auf andere. Wir übernehmen vielmehr die volle Verantwortung für all das, was in unserem Leben geschieht, für jedes unserer Gefühle und jeden Gedanken.

Ein Meister stellt die Frage: »Wie habe ich dies herbeigeführt? Welche Gedanken oder Gefühle habe ich ausgesandt? Wie habe ich in der Vergangenheit gehandelt, um dies zu schaffen?« Und, was am wichtigsten ist: »Wie kann ich die Dinge ändern?«

*Übernimmst du Verantwortung für dein Leben,*
*dann wirst du ein Meister.*

*Ich bin verantwortlich für mich*
*und für meine eigenen Wege,*
*und ich gestatte es anderen,*
*für die ihren verantwortlich zu sein.*

# Kapitel 21
# Das Gesetz der Unterscheidung

Von einem Baby erwartet man nicht, daß es den Unterschied zwischen Recht und Unrecht kennt. Ein Erwachsener muß ihn kennen. Je weiter wir uns entwickeln, desto mehr erwartet man von uns, daß wir zu unterscheiden wissen. Natürlich werden wir auf die Probe gestellt. Erzählt man dir etwas, gibt man dir Anleitung, begegnest du jemandem, wird dir ein Job angeboten – prüfe jedes Mal innerlich, ob es dir richtig erscheint.

Vor vielen Jahren, als meine Kinder Teenager waren, nahm ich sie mit auf einen Kurzurlaub. Wir besuchten einen Markt, auf dem ein gerissener Händler ganz besondere Thermoskannen laut anpries. Meine Tochter Lauren entschied, daß ich eine brauchte. Sie argumentierte, daß sie sehr billig seien und ich es stets bedauern würde, wenn ich die günstige Gelegenheit nicht nutzte. Trotz meiner bösen Ahnungen kaufte ich eine. Als wir sie zu Hause ausprobierten, leckte sie wie ein Sieb. Lauren schüttelte sich vor Lachen und sagte: »Was erwartest du, wenn du billigen Kram auf dem Markt kaufst.« Zwar lachten wir gemeinsam, doch sehe ich jetzt, welch wundervolle Lektion in Unterscheidung dies war. Ich gestattete einem fünfzehnjährigen Mädchen, mich gegen meine Überzeugung zu etwas zu überreden, und ich hatte die Konsequenzen zu tragen.

In der Zeitung las ich von einem Mann, der Geld von vielen seiner Klienten unterschlagen hatte. Hinterher waren sich alle Klienten darüber einig, daß irgend etwas mit ihm nicht in Ordnung war, und es zeigte sich, daß die Leute ihm niemals wirklich vertraut hatten. Doch sie hörten nicht auf ihre Intuition. Sie unterschieden nicht.

Manchmal sind die Konsequenzen des Nichtunterscheidens sehr unangenehm. Vor einiger Zeit erhielt ich einen sehr traurigen Brief von einer Frau, die an einem meiner Engel-Workshops teilgenommen hatte. Bei all meinen Workshops bitten wir um spirituellen Schutz und nehmen Kontakt nur mit den höchsten und reinsten Wesen auf. Ich erinnere die Teilnehmer daran, daß Engel des Lichts uns ein warmes, friedliches und liebevolles Gefühl geben. In ihrem Brief berichtete diese Frau mir, sie sei in ihrem ganzen Leben ängstlich und unglücklich gewesen. Bei dem Workshop begegnete sie ihrem Schutzengel und lernte, mit ihm zu kommunizieren. Ein Gefühl des Friedens, der Gelassenheit und des Glücks erfüllte sie. Als sie ihren schönen Engel bei sich fühlte und seine Liebe und seinen Schutz spürte, erhielt das Leben für sie einen neuen Sinn.

Drei Monate später las sie in einem Buch, es sei gefährlich, Kontakt mit Engeln aufzunehmen, da es schwarze Engel sein könnten. Aller Friede, alles Glück und alle Gelassenheit fielen von ihr ab, und sie wurde von einem Gefühl der Trostlosigkeit und Angst erfaßt. Sie schrieb mir und fragte, was sie tun könnte, da sie jetzt zu ängstlich sei, wieder Kontakt mit ihrem Schutzengel aufzunehmen.

Arbeiten wir mit den unsichtbaren Kräften, dann müssen wir stets zu unterscheiden wissen. Erscheinen dir irgendwelche Eindrücke nicht recht, dann ignoriere sie und verschließe dich ihnen. Hast du dagegen das Gefühl, mit einer hohen und liebevollen Präsenz in Kontakt zu stehen, dann genieße das und folge der Eingebung. Ich konnte sie nur daran erinnern, daß Gefühle des Friedens, Glücks, der Gelassenheit, Entschlossenheit und der Inspiration darauf hinweisen, daß wir mit Engeln des Lichts in Kontakt stehen. Ich kann nur hoffen, daß diese Frau sich mit Hilfe von Schutz, Gebet und Unterscheidung der Präsenz ihres Engels wieder öffnen wird.

Junge Seelen sind wie Reisende, die jede Straße und jeden Pfad erkunden: Sie brauchen die Erfahrungen unterschiedlicher Straßen, trockener, schlammiger, breiter, enger, heller und dunkler. Sie reisen mit jedem und allen. Von älteren Seelen erwartet man, daß sie die geeignete Straße für das Erreichen ihres Zieles auswählen und bei der Auswahl ihrer Gefährten Unterscheidungen treffen.

Auf einer tiefen Ebene wissen wir alles. Aus dem Bauch heraus spüren wir, ob jemand ehrlich ist oder nicht. Oft beachten wir das nicht, weil unser logischer Verstand dagegen spricht oder weil wir es nicht glauben wollen. Wir setzen uns über unsere Intuition hinweg. Treffen wir keine richtige Unterscheidung, dann müssen wir das sich daraus ergebende Karma selbst tragen. Darüber hinaus wird eine andere, anders geartete Prüfung auf uns zukommen.

Jemanden wegen seines Geschlechts, seiner Hautfarbe, Religion oder seiner körperlichen Größe zu diskriminieren, ist nicht spirituell. Viele Menschen meinen, es sei pedantisch, überhaupt irgendeine Art der Unterscheidung zu treffen. Sie meinen, sie sollten in ihrem Leben oder Beruf jeden Beliebigen akzeptieren. Das ist nicht der Fall: Wir sind aufgerufen, unser Unterscheidungsvermögen zu nutzen. Erscheint die Energie jener Person als Freund oder Therapeut uns richtig? Spürst du wirklich, daß dein Geschäftspartner deine Ideen unterstützen wird? Ist es angenehm, mit jener Person eine Verabredung zu haben? Du hast das Recht zu bestimmen, wen du in deinem Leben haben willst. Es ist keine Verurteilung, nein zu sagen: Es bedeutet Unterscheidung.

Wollen alle deine Freunde einen Film voller Gewalttätigkeit sehen, dann ist es Zeit zu unterscheiden – nicht, ob du sie begleiten sollst, sondern ob sie als Freunde mit dir in Resonanz stehen. Bist du bereit, anders zu sein und für das einzutreten, was deiner Ansicht nach für dich richtig ist?

Einer Ameise mag ein Stück Papier auf deinem Schreibtisch wie eine Wüste erscheinen. Für einen Menschen ist es vielleicht ein wichtiges Dokument. Für einen Astronauten, der die größeren Umrisse aller Dinge im Auge hat, ist es unbedeutend. Jeder von ihnen hat aus seiner Perspektive recht. Schriftsteller und Lehrer – sie alle erfahren eine unterschiedliche spirituelle Perspektive. Sie können nur von der Ebene aus kommunizieren, die sie erreicht haben. Von ihrem Standpunkt aus können sie alle recht haben.

Jedoch bedienen die dunklen Kräfte sich heute unreiner Kanäle, um kaum merklich eingefärbte Informationen unter die Leute zu bringen. Eine kleine Entstellung der Wahrheit hier und dort kann schon große Verwirrung stiften, und das ist ihr Ziel.

Ein Mann sprach mich nach einem Workshop an. Er hatte an vielen Workshops teilgenommen und Dutzende von Büchern gelesen. Er war völlig durcheinander wegen der vielen Dinge, die er gehört hatte. »Es kann doch nicht jeder recht haben«, sagte er. »Was soll ich also glauben?«

Seine Prüfung bestand im Unterscheiden. Ich riet ihm, ruhig dazusitzen, auf seine innere Stimme zu lauschen und dann das zu akzeptieren, was Resonanz in ihm findet.

Wirf nicht *alles* weg, weil *einige* Dinge dir nicht richtig erscheinen. Niemand kann die volle Wahrheit kennen, während er sich in einem Körper befindet. Nur der Schöpfer kennt sie. Bleib jedoch offen und laß dich von deiner Intuition leiten.

*Hör auf deine Intuition,*
*und vertraue auf ihre Führung.*

# Kapitel 22
# Das Gesetz der Affirmation

Affirmationen sind Gedanken oder Worte, die ständig wiederholt werden, bis sie ins Unbewußte eindringen und ein Teil deiner Programmierung werden. Sie festigen dein Denken und deine Rede und üben eine unglaublich mächtige Wirkung auf dich aus. Die meisten von uns affirmieren unbewußt die ganze Zeit über. Ständig wiederholen wir Gedanken, bis sie in unserem Geist verankert sind. Wir machen immer wieder dieselben Aussagen, bis sie zu unserer Realität werden.

Unsere ständig wiederholten Aussagen können positiv oder negativ, heilsam oder schädlich sein. Dein unbewußter Geist ist wie ein Computer; er ist unpersönlich. Er akzeptiert unterscheidungslos jede Eingabe. Dementsprechend werden deine Affirmationen Teil der Aufzeichnungen deines unbewußten Geistes und beeinflussen zutiefst, was du fühlst und tust.

Stell dir vor, ein Nagel soll in ein Stück Holz getrieben werden. Versuche, ihn mit deinem Daumen hineinzudrücken, und es wird lange Zeit dauern, bis du ihn ein wenig hineindrücken kannst. Ein Schlag mit einem Hammer läßt ihn jedoch schneller eindringen, und mit jedem darauffolgenden Schlag dringt er tiefer ein. Gedanken versenken die damit verbundenen Anschauungen in deinen Geist. Affirmationen hämmern sie hinein.

Denkst du ständig »Ich bin ein Versager«, dann glaubst du nach und nach, ein Versager zu sein, und handelst entsprechend. Du benutzt eine nicht sehr hilfreiche Affirmation.

Ich kannte jemanden, der unaufhörlich nörgelte, sein Rücken mache ihm Probleme, wenn er Golf spielen wolle. Er war wütend auf seinen Rücken und dachte ständig daran. Als ich ihm nahelegte, daß seine negativen Affirmationen ihm nicht dienlich seien, schaute er mich düster an und sagte: »Sie verstehen das nicht. Das ist nun mal so.« Dann fügte er laut und mit Nachdruck hinzu: »Mein Rücken spielt mir immer böse mit, wenn ich Golf spielen will.« Er affirmierte seinen Weg zu dieser schmerzlichen Wirklichkeit.

*Je mehr Energie und Nachdruck wir unseren Affirmationen verleihen, desto tiefer dringen sie in unser Anschauungssystem ein.*

Wiederholst du ständig, daß du immer einen miserablen Urlaub hast, dann bewirkst du das auf dreierlei Weise:

Du erinnerst dich selektiv an die schlechten Zeiten.

Du handelst auf eine Weise, die dir Pech bringt.

Das Universum schickt dir, was du glaubst, in diesem Falle Pech.

*Das Universum ordnet sich buchstäblich neu, um dir zu geben, woran du glaubst.*

Das Gesetz der Affirmation lautet, daß du das zustande bringst, was du affirmierst. Affirmiere, daß du bist, was du sein willst. Du wirst es schneller werden, als du denkst.

Affirmiere, daß du hast, was du haben willst, und du wirst es magnetisch anziehen.

*Um etwas zu affirmieren,*
*sprich deine Worte mit Energie und fester Absicht.*

Das wird sie nachdrücklicher in deinen Geist einprägen.

*Sorge dafür, daß deine Affirmationen*
*nur positive Worte enthalten.*

Der unbewußte Geist kann keine Negationen programmieren. Er ignoriert sie einfach. Wiederholt man zum Beispiel ständig: »In diesem Haus möchte ich nicht leben«, dann registriert der unbewußte Geist diese Bemerkung ohne das »nicht« und hält fest: »In diesem Haus möchte ich leben.« Eine passende Affirmation wäre: »Ich bin bereit, in ein anderes Haus zu ziehen.« Es wäre sogar noch wirkungsvoller, das Haus, in das man ziehen möchte, im Detail zu beschreiben und zu affirmieren: »In meinem neuen Heim bin ich glücklich und erfüllt.«

Ich sprach einst mit einer Dame, die gerade eine schwierige Zeit durchmachte. Sie kam aus einem Milieu, in dem es unschicklich war, Emotionen zu zeigen, und wollte deshalb ihre Gefühle nicht zeigen. Sie erzählte mir, sie wiederhole ständig für sich selbst: »Ich weigere mich, unglücklich zu sein.« Natürlich drang dies in ihr Unbewußtes als die ständige Botschaft »unglücklich, unglücklich, unglücklich« ein. Sie versuchte das Elend zu bekämpfen, indem sie es affirmierte.

»Ich werde nicht verlieren«, dringt in den Computer des Geistes ein als »verlieren, verlieren, verlieren«, weil er das

»nicht« ignoriert. Verwende nur das Positive: »Ich bin ein Gewinner.«

*Affirmationen müssen im Präsens ausgesprochen werden.*

Ein Computer hat kein Konzept für Vergangenheit oder Zukunft. Affirmierst du, daß du morgen gesund sein wirst, dann findet das Morgen niemals statt. Affirmiere: »Ich bin jetzt gesund.« Du wirst zu dem, was du affirmierst. Der schnellste Weg, einen schönen Garten zu haben, ist zu affirmieren, daß dein Garten jetzt schön ist. Es hilft dir, an deiner Vision festzuhalten und sie zu verwirklichen.

*Wirksame Affirmationen sind einfach.*

Komplizierte Affirmationen sind so verwirrend, daß sie den bewußten Geist dazu aufrufen, sie zu verstehen. Mir sind nichthilfreiche Affirmationen wie die folgende begegnet: »Ich habe keine Angst mehr, eine Beziehung zu haben, weil ich meinen Vater liebe und ihm alles vergebe, was er mir als Kind angetan hat. Deshalb verdiene ich es jetzt, einen guten Partner zu haben, der mich liebt und sich für dieselben Dinge interessiert wie ich.«

Besser ist es, zwei einfache Affirmationen zu äußern: »Ich liebe meinen Vater. Ich verdiene eine glückliche Beziehung.« Sobald diese Affirmationen Wurzeln geschlagen haben, affirmiere: »Ich habe jetzt eine glückliche Beziehung.« Dann visualisiere ständig, daß du eine glückliche Beziehung hast, und handle, als seist du zufrieden und verdienstvoll.

*Affirmationen, die sich reimen oder rhythmisch sind, gleiten leicht in deinen unbewußten Geist.*

Ein Mann, der eine Zeitlang in Schwierigkeiten gewesen war, begann zu affirmieren: »Ich bin den ganzen Tag gesund und auch sehr stark.« Wie er berichtete, meinte er, seitdem aufrechter zu gehen und tiefer durchzuatmen. Er fühlte sich nicht nur gesünder, sondern auch zuversichtlicher. Affirmationen haben die Wirkung sich ausbreitender Wellenkreise, die auch andere Bereiche deines Lebens verbessern.

Hast du einen schwierigen Tag, dann summe folgende Worte für dich selbst: »Ich bin glücklich und froh. Alles gelingt mir so.« Beobachte, wie dein Tag sich wandelt.

In meinem Buch *A Time for Transformation* findet sich ein ganzes Kapitel mit gereimten Affirmationen. Eine meiner liebsten ist: »Ruhig und gesammelt, zufrieden und still, ich liebe mich selbst, was immer ich will.« Ich finde, daß sie mich besänftigt und mich daran erinnert, meinen eigenen Wert zu ehren.

In Trance kann man seinen Geist leichter für das Aufnehmen von Affirmationen öffnen. So ist beispielsweise dein unbewußter Geist bei Tagträumen aufnahmebereit für die Aufnahme von Affirmationen. Ist dein bewußter Geist voll beschäftigt, etwa beim Fernsehen oder der Konzentration auf eine Arbeit, dann fällt der Zugang zu deinem unbewußten Geist leichter. Bist du tief entspannt, döst du vor dich hin oder bist sogar in einem leichten Schlaf, dann gleiten Affirmationen leicht hinein.

Man kann diese natürlichen Trancezustände nutzen, um die Affirmationen anzunehmen, die andere Menschen für dich aussprechen. Stell dir folgendes vor: Ein kleiner Junge ist beim Tagträumen oder tief versunken damit beschäftigt, eine über ein Blatt kriechende Raupe zu beobachten. Seine Mutter ruft ärgerlich: »Beeil dich. Du bist immer so langsam.« Wird das oft genug und mit Nachdruck wiederholt, dann findet dies leicht in den Geist des Kindes Eingang und erzeugt bei ihm die Anschauung, es sei langsam. Es hat jemand anderem erlaubt, sein Unbewußtes zu programmieren.

Wir schaffen uns selbst Probleme, ohne uns darüber klarzuwerden, was wir tun. Ist dein Partner in seinem Arbeitszimmer tief in seine Arbeit versunken und du rufst die Treppe hinauf: »Vergiß die Einladung zum Abendessen nicht«, dann hat sein unbewußter Geist das Wort »nicht« ignoriert. Er hat »Vergiß die Einladung« aufgenommen. Du meinst, alles sei in Ordnung, weil er vermutlich »okay« geantwortet hat. Doch das war sein unbewußter Geist, der automatisch reagiert hat; bewußt hat er deine Worte vielleicht gar nicht registriert. Wir merken es nicht immer, wenn jemand abgelenkt oder in natürlicher Trance ist. Daher gewöhne es dir an, positive Äußerungen zu machen, etwa: »Denk an die Einladung zum Abendessen.«

Ein guter Hypnotherapeut wird eine Vielfalt von Techniken nutzen, einschließlich einfacher Entspannung und Visualisationen, um einen Klienten in Trance zu bringen. Das hat unter anderem den Zweck, positiven Affirmationen Eingang zu verschaffen und sie tief im Unbewußten des Klienten Wurzeln schlagen zu lassen, während er aufmerksam zuhört und sich auf die Suggestionen einläßt. Das kann eine machtvolle und das Leben verändernde Nutzung von Affirmationen sein.

*Affirmationen müssen ständig wiederholt werden.*

Entscheidest du dich für eine Affirmation, dann wiederhole sie, wann immer du dafür einen freien Augenblick hast: beim Autofahren, Spazierengehen, auf der Toilette, beim Schwimmen. Fülle deinen Geist mit deinen positiven Äußerungen, und du wirst bald den Unterschied in deinem Leben feststellen.

Gib auch anderen ständig positive Affirmationen. Wenn du deiner kleinen Tochter wiederholt sagst, sie sei sehr begabt, wirst du ihr helfen, ihre Begabung zu leben.

Affirmiere gegenüber deinen Kindern, deiner Familie und deinen Freunden, daß sie klug sind und du sie sehr liebst. Erinnere sie ständig an ihre guten Eigenschaften, und du wirst das Niveau ihrer Schwingungen und das Vertrauen der Menschen um dich herum steigern.

Beispiele für Affirmationen sind:

»Ich bin gesund und froh.«

»Jedermann liebt mich.«

»Ich habe einen befriedigenden, gutbezahlten Job.«

»Ich bin ein Aufgestiegener Meister voller Liebe und Licht.«

»Ich bin ein Aufgestiegenes Wesen von unendlicher Geduld und Weisheit.«

»Mein Leben ist voller Freude und Lachen.«

*Denk daran zu affirmieren, was du willst, als wärest du bereits am Ziel. Das ist ein schneller Weg, dorthin zu gelangen, wo du sein willst. Dann handle so, als sei es bereits deine Wirklichkeit geworden.*

*Affirmiere ständig,*
*daß du bist,*
*wer du sein willst,*
*und du wirst bald dazu werden.*

# Kapitel 23
# Das Gesetz des Gebets

Das Gebet ist Kommunikation mit Gott. Ob wir uns dessen bewußt sind oder nicht, Gott ist am anderen Ende der Telefonleitung und hört uns die ganze Zeit zu. Jedes Wort und jeder Gedanke, den wir über die Leitung senden, ist ein Gebet.

Sich Sorgen machen ist ein negatives Gebet. Es bedeutet, daß du Gott erzählst, wieviel Angst du hast. Außerdem verstärkt das all die Dinge, von denen du nicht willst, daß sie geschehen. Edgar Cayce sagte: »Warum sich Sorgen machen, wenn man beten kann?« Er meinte damit, daß wir unsere Gedanken auf positive, gesammelte Weise an die *Quelle* richten müssen.

Die Art, wie man betet, ist wichtig. Stell dir vor, du bist ein reicher, mächtiger, allwissender König. Darüber hinaus liegen dir die höchsten Interessen deines Volkes am Herzen. Jeden Tag ist da eine lange Reihe von Bittstellern, die dich sprechen wollen.

Da ist der Bettler, der jammert und sich vor dir in den Staub wirft, der sich verzweifelt für Geld erniedrigt. Er ist ein ewiges Opfer, und du weißt, daß er das Geld unklug ausgeben wird, wenn du seinen Wunsch erfüllst – und am nächsten Tage wieder betteln wird.

Der Feilscher sagt: »Wenn du mir dieses und jenes gewährst, werde ich für dich arbeiten.« Als allwissender König kannst du in seinem Herzen lesen, so daß er dich nicht zum Narren halten kann.

Dann kommen die Manipulatoren zu dir und schütteln die Fäuste. »Ich werde wütend auf dich sein, wenn du mir keinen Job gibst. Hilfst du mir nicht, dann werde ich mich umbringen. Gibst du mir keine Chance, dann bin ich völlig am Boden zerstört, also tu etwas.« Wirst du auf deiner entrückten Position auf dem Thron diesen Forderungen nachgeben?

Der nächste Bittsteller ist ein Schwindler. Er wirft eine Leimrute aus mit dem Gedanken: »Wollen wir doch mal sehen, was sich machen läßt.« Er meint, eine Petition sei einen Versuch wert, hat jedoch nicht die geringste Absicht, seine Lebensart zu ändern. Tut mir leid, Bürschchen.

Ihm folgt eine Frau mit niedergeschlagenem Gesichtsausdruck. »Ich verdiene es nicht, irgend etwas zu bekommen. Ich bin eine Sünderin. Aber bitte gebt mir trotzdem etwas.« Du weißt, daß ihr erbarmungswürdig niedriges Selbstwertgefühl und das Gefühl, auf nichts wirklich Anspruch zu haben, dafür sorgen werden, daß sie bald wieder verliert, was man ihr gibt.

Nach ihr kommt die habgierige Person. »Ich will mehr, mehr, mehr.«

Schließlich tritt die Person auf, die dir in die Augen schaut und sagt: »Das und das möchte ich erreichen. Dies sind meine Pläne, die ich bereits in Angriff genommen habe. Und dazu brauche ich von Euch folgendes.« Da stehst du von deinem Thron auf und wirst ein Partner, der jegliche Unterstützung gewährt.

Dann ist da die Person, die aus vollem Herzen betet. Ihre Gebete rühren an dein Herz. Du reagierst auf diese Gebete.

Eine weitere Person bittet dich mit der Reinheit der Absicht. Ihr gewährst du, worum sie bittet.

Gott antwortet also auf alle Gebete. Manchmal sagt er zum Glück nein. Dankenswerterweise erhalten wir nicht alles, worum wir beten. Der Schöpfer beantwortet Gebete auch eher auf praktische Weise als mit Wundern. Eine Geschichte erzählt von einem Mann, der fest davon überzeugt war, daß Gott ihn stets retten und beschützen werde. Während eines Winters herrschten in der Gegend, in der er lebte, fürchterliche Unwetter; der Regen peitschte unaufhörlich hernieder. Als das Erdgeschoß seines Haus überflutet war, zog er sich in den ersten Stock zurück. Ein Boot kam vorbei, und die Retter forderten ihn auf einzusteigen. Er lehnte jedoch ab und sagte: »Nein, Gott wird mich retten.« Die Fluten stiegen höher und höher, und er kletterte auf das Dach. Ein Hubschrauber flog vorbei und ließ ein Seil zu ihm herab. Er weigerte sich, es zu ergreifen. »Nein, ich brauche es nicht. Gott wird mich retten.«

Er ertrank und traf Petrus an der Himmelspforte. Verdrießlich fragte er Petrus: »Warum hat Gott mich nicht gerettet?« Petrus antwortete: »Er schickte dir ein Boot und einen Hubschrauber. Was wolltest du mehr?«

Such also die Antworten auf deine Gebete in den augenfälligen und praktischen Dingen deines Lebens. Das Gesetz des Gebetes lautet: Bitte voller Glauben, und es wird dir gewährt. Glaube hat aktiv daran Anteil, deine Gebete Wirklichkeit werden zu lassen.

Hast du um etwas zu Gott gebetet, so beginne gleich darauf, dich dafür zu bedanken. Dann bereite dich darauf vor, das zu empfangen, worum du gebetet hast. Wenn du also im Warenhaus des Himmels zehn Obstbäume bestellt hast, dann sage Dank, und geh hin und grabe den Boden um, heb die Erde aus. Kaufe den richtigen Dünger, und sei für die Ankunft der Obstbäume bereit. Dein Glaube wird die Ankunft der Bäume beschleunigen.

Viele Menschen beten, ohne wirklich zu erwarten, daß das Gebet erhört wird. Deshalb unternehmen sie auf das Gebet hin auch nichts. Sie erkennen nicht, daß der Glaube eine Antwort des Universums provoziert.

Ich hatte einmal ein Mittagessen mit einer Freundin, deren Mann gerade eine Herzattacke erlitten hatte. Als er sich erholt hatte, sagte er ihr, er habe sich schon immer gewünscht, einmal nach Australien zu reisen, und er bedauere es sehr, nie dort gewesen zu sein. Sie besaßen nicht genug Geld für eine solche Reise. Daher beteten sie und dankten Gott für das Reisegeld nach Australien, da sie wußten, daß Gott die Erfüllung seines Herzenswunsches wollte. Er telefonierte mit dem Reisebüro und buchte eine Reise, die innerhalb weniger Tage bezahlt werden mußte. Am folgenden Tage wurde eine Kreditkarte, die sie nicht bestellt hatten, in den Briefkasten geworfen. Damit kaufte er das Ticket in der Gewißheit, es im Laufe des Jahres bezahlen zu können. Seine Frau lachte, während sie sagte: »Beim nächsten Mal werde ich beten, daß das Geld so geschickt wird, daß wir es nicht zurückzahlen müssen.«

Bittest du eine oder mehrere Personen, mit dir gemeinsam zu beten, und hältst du an deiner Vision fest, dann stärkt dies die Kraft des Gebets. Ein Klient bat mich, für seinen Sohn zu beten, der im Schulunterricht versagte und sehr schwierig war. Sechs Monate später bedankte er sich bei mir schriftlich für meine Gebete. Er schrieb, sein Sohn habe sich auf erstaunliche Weise gewandelt und sei jetzt Klassenbester. Er spiele auch in einer Fußballmannschaft mit, und sein Lehrer habe gesagt, es sei jetzt ein Vergnügen, ihn in der Klasse zu haben. Mein Klient betete täglich für seinen Sohn, während ich als der Anker diente, der am Glauben festhielt. Das ist eine sehr machtvolle Kombination.

Liebe will, daß dein Herzenswunsch in Erfüllung geht. Liebe will nicht, daß die Geliebten leiden. Gott ist Liebe. Das Hindernis, sie zu empfangen, besteht auf deiner Seite.

Viele Menschen beten um etwas, sind dann jedoch nicht bereit, das zu empfangen, worum sie gebetet haben. Ich kenne jemanden, der um ein Auto gebeten hatte. Etwas später bot eine ältere Tante ihm ihren Wagen an, und er war erschreckt. »Ich kann deinen Wagen nicht annehmen«, sagte er ihr. Erst später wurde ihm klar, daß Gott seine Gebete durch seine Tante beantwortete.

Manchmal erzählen mir Menschen, sie hätten schon seit Jahren um etwas gebetet, doch sei nichts geschehen. Ist es ein Gebet für die Gemeinschaft, etwa für den Weltfrieden oder die Heilung der Ozonschicht, dann sind deine Gebete ein Teil eines andauernden Stromes, der zur Gottheit fließt, und können fortgesetzt werden. Handelt es sich jedoch um Gebete für etwas Persönliches, dann gibt es eine Zeit, damit aufzuhören. Man stelle sich ein kleines Mädchen vor, das seinen Papa bittet, seine Puppe zu reparieren. Jeden Tag geht sie mit ihrer Puppe zu ihm und bittet ihn, sie sich anzusehen, aber sie weigert sich, sie aus der Hand zu geben. Sie will sie nicht abgeben, damit sie untersucht und repariert werden kann. Natürlich kann der Vater nichts mit der Puppe anfangen, solange das Mädchen nicht bereit ist, sie auszuhändigen.

Sprich dein Gebet einen Monat lang oder so lange, wie es dir richtig erscheint, und dann hör für eine Weile auf. Vielleicht spürst du dann das Verlangen, dein Gebet auf irgendeine Weise zu verändern. Das ist ein Hinweis darauf, daß die Angelegenheit für dich vorangekommen ist.

Zu bitten, daß jemand anderem etwas Böses geschieht oder man über jemand anderen den Sieg davonträgt, bedeutet, sich über das Gebet lustig zu machen. Die negative Energie wird am Ende auf den Absender zurückfallen.

Betest du, dann bewahre die Vision der Vollkommenheit. Betest du um Frieden, dann stell dir bildlich das Zustandekommen des Friedens vor, und fühle dementsprechend. Bittest du um die Heilung einer Person, so stell sie dir gesund und kräftig vor. Doch denk daran, daß auch der Tod eine Heilung ist. Bete stets darum, daß das höchste Gute geschehe: Die göttliche Perspektive ist umfassender als deine eigene.

Lange, komplizierte oder rein mechanische Gebete sind keine wirklichen Gebete. Sie sind oft nur Worte, mit denen wir andere beeindrucken wollen. Ein echtes Gebet ist einfach, aufrichtig, authentisch und kommt von Herzen.

Bete aus einer ruhigen, gesammelten Haltung heraus. Oft schreiben mir Menschen ängstliche Briefe, in denen sie mir berichten, wie verzweifelt sie um Hilfe flehen. Es ist für die Engel sehr schwer, eine solch verstörte Aura zu durchdringen, um die erwünschte Hilfe zu gewähren. Also entspanne dich. Laß deine Aura golden werden. Bitte in Stille, und nicht selten geschehen dann wirklich Wunder.

*Das Gesetz des Gebets wird folgendermaßen aktiviert:*

- Zuerst bringe deine Bitte vor.
- Dann laß von dem Ergebnis los.
- Danke Gott dafür, daß er antwortet.
- Halte an deinem Glauben fest.
- Bereite dich darauf vor, das Erbetene zu erhalten.

Hier ein anonymes Gebet, das die Wirksamkeit von Gebeten zusammenfaßt:

Ich stand auf schon früh am Morgen
und hastete los: »Komm nur nicht zu spät«.
Es gab ja soviel zu erledigen,
daß keine Zeit blieb für ein Gebet.

Probleme und noch mehr Probleme,
ich fühlte mich wirklich geplagt.
»Warum nur steht Gott mir nicht bei?«
Er sagte: »Du hast nicht gefragt.«

Ich wollte nur Freude und Schönheit,
doch blieb innerlich dumpf und betreten.
»Warum nur zeigt Gott mir den Weg nicht?«
Er sprach: »Du hast nicht drum gebeten.«

Ich suchte die Gegenwart Gottes
und rüttelte am Tor in meinem Wahn,
da schalt er mich sanft und gütig:
»Nur wer klopft, dem wird aufgetan.«

Ich erwachte ganz früh heute morgen,
und vor meinem Tagwerk hielt ich still.
Es gibt ja soviel zu erledigen,
daß ich Gott sagen muß, was ich will.

*Wenn du betest, dann bewegst du dich auf Gott zu,
und Gott bewegt sich zweimal so schnell auf dich zu.*

*Bitte in festem Glauben,
und was du wünschst
ist schon gewährt.*

# Kapitel 24
# Das Gesetz der Meditation

Meditation heißt auf die Stimme Gottes hören. Sie erfordert, daß man sich abseits vom Getümmel und Lärm des Lebens niedersetzt, um die leise ruhige Stimme des Göttlichen zu vernehmen.

Hast du jemals am Telefon mit einem jener Leute gesprochen, die unaufhörlich auf dich einreden, ohne je auf deine Erwiderungen einzugehen? Wann immer du versuchst, deinerseits ein Wort anzubringen, beachtet die andere Person das nicht und schwatzt weiter drauflos. Versuche ich, mit einer solchen Person zu kommunizieren, dann lege ich auf, sobald ich kann. Wie oben, so unten. Das Universum wird metaphorisch den Hörer auflegen, wenn du seinen Erwiderungen nicht zuhörst.

Betest du ständig, ohne dir Zeit zu nehmen, auf die Antwort zu hören, dann erhältst du keine Antwort, weil dein leeres Geschwätz Gott nicht dazu kommen läßt, ein Wort anzubringen. Die meisten von uns haben einen Affengeist, das heißt ewig schnatternde Gedanken. Ziel und Absicht der Meditation ist es, das Geschnatter lange genug anzuhalten, damit die *Quelle* ihre Saat der Führung und Weisheit aussäen kann. Während dieser stillen Augenblicke sind wir offen für Inspirationen und Antworten auf unsere Fragen. Manchmal erhalten wir sofort eine göttliche Antwort, doch meist verspüren wir einfach ein Gefühl der Ruhe und Stille, während die Samenkörner gepflanzt werden. Sie sprießen und wachsen im Laufe der Zeit und tragen später in unserem Leben Früchte.

Neulich diskutierte ich mit einer Freundin über die Kraft der Meditation. Sie berichtete mir, eine ihrer Freundinnen habe vor kurzem an einer die ganze Nacht andauernden Chanting-Meditation teilgenommen. Diese Freundin hatte sich gerade eine kleine Wohnung gekauft und eingerichtet. Als sie nach der Meditation nach Hause fuhr, fühlte sie sich leicht und klar. Plötzlich hatte sie eine Offenbarung, daß sie beginnen sollte, andere zu unterrichten, und zu diesem Zweck ein Haus mit einem entsprechend großen Raum brauche. Sie machte einen Umweg und kam an einem Haus vorbei, vor dem das Schild »Zu verkaufen« stand. Sie wußte sofort, daß dies ihr Haus war. Als sie es besichtigte, stellte sie fest, daß es ein großes, für ihre Zwecke ideal geeignetes Wohnzimmer hatte. Da sie viel Arbeit in ihre kleine Wohnung gesteckt hatte, konnte sie diese mit Gewinn wieder verkaufen und war dadurch in der Lage, eine Anzahlung auf das Haus zu leisten. Innerhalb einiger Wochen lebte sie in ihrem neuen Heim, und ihr Unterricht konnte beginnen. Sie wußte, daß die Nacht der Meditation das Göttliche in die Lage versetzt hatte, die Gedankensaat eines für sie völlig unerwarteten neuen Lebens auszusäen.

»Schau nach innen, und das Königreich des Himmels ist dein.« Während der Meditation haben wir Gelegenheit, die uns verfügbaren Ressourcen zu erkunden. Hier ist der Ort, an dem wir unser wahres Selbst finden. Je nach unserer inneren Welt leben wir im Himmel oder in der Hölle. Die Meditation erlaubt unserem göttlichen Selbst, sich so auszudehnen, daß wir uns von der Hölle befreien und den Himmel erschaffen können.

Es gibt viele Menschen, die es nicht ertragen, formell zu meditieren. Ihre ruhigen, stillen Augenblicke kommen, wenn sie den Garten pflegen oder in der Natur spazierengehen.

Kreative Zeiten, etwa wenn man malt, Musik macht oder töpfert, bringen das Geschwätz des Verstandes zum Schweigen und öffnen die rechte Gehirnhälfte für das Empfangen göttlicher Inspiration. Alles, was den Geist für einen Augenblick leert, erlaubt es dir, durch die Lücke in die göttliche Energie zu schlüpfen. Das ist der Zweck der Meditation.

*Es gibt viele formelle Arten der Meditation. Alle erfordern dieselbe grundlegende Vorbereitung:*

- Finde eine Zeit, in der du ungestört und in Frieden sein kannst.
- Trage lockere, bequeme Kleidung.
- Sitze mit gekreuzten Beinen oder auf einem Stuhl.
- Halte den Rücken gerade.
- Entspanne dich.

*Nachfolgend einige der populärsten Arten der Meditation:*

1. Sieh in die Flamme eine Kerze, bis die Augenlider schwer werden.
   - Nachdem du die Augen geschlossen hast, beobachte die Kerze weiter mit dem geistigen Auge.
   - Konzentriere dich ganz intensiv.
   - Sobald dein Geist still geworden ist, laß das Bild los.

2. Konzentriere dich auf deinen Atem, spüre, wie er durch die Nasenlöcher ein- und ausströmt.
   - Zähle beim Einatmen von 1 bis 5.
   - Zähle beim Ausatmen von 1 bis 5.
   - Sobald dein Geist still geworden ist, laß den Atem los.

3. Wiederhole still ein Mantra oder die göttlichen Namen, oder singe ein Mantra laut.
   - Mantras und Namen von Göttern sind geheiligte Wörter, die göttliche Attribute herbeirufen.

- Viele Menschen ziehen es vor, ihr ganz persönliches Mantra zu verwenden, das ihnen von einem spirituellen Lehrer gegeben wurde, dem sie vertrauen.
- Sobald dein Geist still geworden ist, laß das Mantra los.

*Kraftvolle Mantras sind:*

- *Om nama shivaya.*
- *Om mani padme hum.*
- *Jesus Christus.*
- *Om Sai Ram.* (Für Anhänger von Sai Baba)
- *Kodoish, kodoish, kodoish, Adonai T'sbayoth.*

Wie bei jeder spirituellen Übung ist die tägliche Regelmäßigkeit des Meditierens zu einer bestimmten Zeit und an einem bestimmten Ort eine große Hilfe. Kann man sich einen Altar schaffen, auf den man eine Kerze stellt sowie Kristalle, Fotos von Heiligen und Meistern und Gegenstände, die einem heilig sind, dann steigert das wirklich die Schwingungen. Es hilft auch, Räucherstäbchen oder Weihrauch zu verbrennen. Vor dem Beginn könnte man vielleicht sakrale Musik spielen und ein Gebet sprechen. Rufe die Großen Lichtwesen an und bitte sie, während deiner Meditation anwesend zu sein.

Als ich in Indien im Ashram von Amma, der Umarmenden Mutter, weilte, hörte ich eine wunderschöne Geschichte, die die Meditation aus einer anderen Perspektive zeigt. Einer der Swamis hielt einen Vortrag (ein Swami ist jemand, der ein Gelübde der Armut, Keuschheit und des Gehorsam abgelegt hat und im Dienst seines Gurus steht). Er war unglaublich stattlich, mit strahlenden braunen Augen, einer tiefen dunklen Stimme und einem wunderbaren Lachen. Zu seinen Aufgaben gehörte es, die abendliche Meditation im Tempel zu leiten. Mit seiner wohltönenden Stimme gab er drei Chants des *Ma Ohm* vor. Er tat dies mit großer Ehrerbietung, und man hätte unter den Tausenden von Gläubigen eine Stecknadel fallen gehört. Offensichtlich genoß er das sehr.

Er erzählte uns folgende Geschichte: Eines Tages, als der Tempel wieder voll war, wartete er wie gewöhnlich auf totale Stille, bis er begann. Alle sangen das wunderschöne *Ma Ohm*. Der Gesang verlor sich gerade in ehrfürchtiger Stille, als ein kleines Kind mit einer hohen quäkenden Stimme *Ohhhhm* sang. Alle begannen zu kichern, und er war wütend. Nachdem er sich wieder beruhigt hatte, intonierte er das zweite *Ma Ohm*. Wieder brach das Kind das Schweigen mit einem quäkenden *Ohhhhm,* und alle im Tempel prusteten los vor Lachen. Er kochte vor Wut. Das Kind verdarb ihm seine kostbare Meditation. Er konnte nichts weiter tun, als das dritte *Ma Ohm* anzustimmen, mit soviel Haltung, wie er eben aufbringen konnte. Am Ende kicherte das nicht zu bremsende Kind laut, und jedermann schüttelte sich vor Lachen.

Er war so wütend über dieses furchtbare Gör, das seine Meditation ruiniert hatte, daß er Amma schon bitten wollte, sie möge Kinder während der Meditation ganz aus dem Tempel verbannen. Er lief zu ihr, sobald er konnte. »Amma, was ich zu diesem Kind sagen wollte«, platzte er heraus.

»Ja«, sagte sie sanft. »War es nicht wunderbar?«

»Wunderbar? Was meinst du mit wunderbar?« sprudelte es aus ihm heraus. »Das Kind hat meine Meditation verdorben.«

Amma blickte ihn sanft an. »Ich denke, das siehst du falsch«, sagte sie. »In der Meditation geht es nicht darum, würdevoll und ernst zu sein, sondern um Glückseligkeit, und das Kind hat die pure Glückseligkeit der Unschuld hineingebracht.«

Meditation ist die Eingangspforte zur Glückseligkeit.

*In der Stille*
*wirst du Perlen göttlicher Weisheit empfangen.*

# Kapitel 25
# Das Gesetz der Herausforderung

*Das Gesetz der Herausforderung besagt, daß eine körperlose Wesenheit ihre wahre Identität enthüllen oder verschwinden muß, wenn du sie dreimal im Namen Gottes herausforderst.*

Will man zu einer bestimmten Zeit aufwachen, dann stellt man vor dem Schlafengehen den Wecker. Einige Leute wachen kurz vor dieser Zeit von selbst auf, andere müssen durch Lärm oder Schütteln aus dem Schlaf geholt werden; wieder andere drehen sich einfach auf die Seite und schlafen weiter. Du bist zu einer spirituellen Suche hier auf Erden. Du würdest nicht glücklich werden, versäumtest du die Chance, an deiner Suche teilzunehmen, weil du gerade schläfst.

Es kann sein, daß du auf sanfte und leichte Weise deiner spirituellen Bestimmung gewahr wirst, bei vielen ist das jedoch nicht der Fall. Bevor du in die Vergessenheit des Lebens in einem Körper eintratst, hat deine Seele den Wecker gestellt – nur für den Fall, daß du nicht rechtzeitig wach wirst, um die Arbeit zu leisten, zu deren Verrichtung du gekommen bist. Schläfst du noch, wenn der Wecker klingelt, dann kann dich der Weckruf bis in die Tiefe deines Seins erschüttern.

Weckrufe können so schmerzlich sein, weil es oft eines Traumas bedarf, damit Menschen sich ihrem vollen spirituellen Gewahrsein öffnen. Der Weckruf erschallt eben jetzt für die Menschen auf dem ganzen Erdball, um sie für die Welt jenseits des Physischen zu wachzurütteln.

Seminare zur persönlichen Entwicklung und der Schulung von Selbstgewahrsein machen die Menschen auf sanfte Weise aufnahmebereit. Während das spirituelle Selbst aufleuchtet, erwachen oft mediale Fähigkeiten. In vielen Menschen entfaltet das Zentrum des Dritten Auges seine Blütenblätter und offenbart hellseherische Qualitäten oder tiefe Intuition.

Auf der Ebene der Dualität herrscht Dunkelheit und Licht. Für alles im Licht Stehende existiert ein Gegenstück im Dunkel.

Schläft man in einem verdunkelten Raum, dann bemerkt man die Nachtfalter nicht, und sie werden deiner nicht gewahr. Schaltet man das Licht ein, dann werden die Nachtfalter davon angezogen. Erwacht jemand zu seinem spirituellen Selbst, dann strahlt sein Licht stärker und wird sichtbar. Dann werden dunkle Wesen mit weniger reinen Absichten in Richtung der strahlenden Seelen gezogen. Wie Nachtfalter vom Licht werden dunkle Wesen von deinem spirituellen Licht angezogen.

Ist das Licht wirklich strahlend und der Nachtfalter schwarz, dann ist ganz offensichtlich, was er ist. Ist das Licht jedoch aus irgendeinem Grunde trüb oder der Nachtfalter blaß, dann ist er nicht immer deutlich zu erkennen. Deine Aufgabe ist es, zwischen Gut und Böse zu unterscheiden, das, was auftaucht, im Zweifelsfalle herauszufordern, und dein Licht so stark zu machen, daß die Dunkelheit dich nicht beeinflussen kann. Du läßt es einfach als das sichtbar werden, was es ist. Gewöhnlich wird deine eigene Unterscheidungskraft dir sagen, ob eine Stimme oder eine Entität gut oder böse ist. Im Zweifelsfalle fordere sie heraus.

Wie oben, so unten. Käme ein Fremder zu dir und bäte

dich, ihm Geld zu leihen, so würdest du ihm wahrscheinlich in die Augen sehen und all die Fragen stellen, auf die du Antworten benötigst. Die Augen sind die Fenster der Seele. Du schaust hinein und spürst, ob die betreffende Person wahrhaftig und ehrlich ist; das könnte genügen.

Hättest du jedoch Zweifel, dann würdest du über diese Person Nachforschungen anstellen. Sagt sie, sie habe direkte Verbindungen zu einer einflußreichen Persönlichkeit, dann solltest du wohl vorsichtig sein. Kennst du andererseits jemanden gut und vertraust ihm, dann pflegst du sein Wort zu akzeptieren.

Der »echte« Gaszählerableser oder Polizeibeamte ist erfreut, wenn du ihn nach seinem Ausweis fragst, bevor du ihn in deine Wohnung läßt. Das schließt Betrug aus und wahrt das Ansehen des Berufsstands – nur der Betrüger fühlt sich in die Ecke gedrängt, wenn man ihn in Frage stellt. Auf vergleichbare Weise gefällt es höheren Wesen, die sich dir nähern und mit dir zusammenarbeiten wollen, wenn man sie in Frage stellt. Das zeigt nämlich, daß du sorgfältig bist und zu unterscheiden verstehst. Es zeigt ihnen, daß du verantwortungsbewußt handelst.

Nähert ein Wesen sich dir im Traum, während einer Meditation oder in einer Vision und fordert dich auf, etwas Bestimmtes zu tun, dann hör auf deine Intuition. Hast du danach noch Zweifel, dann frag es, warum es sich dir nähert. Erhältst du darauf eine Antwort, die dich verwirrt, dann sei vorsichtig. Hast du schon eine Zeitlang mit deinen Führern und Engeln gearbeitet, dann erkennst du ihre Energie und vertraust ihnen; dann brauchst du sie nicht herauszufordern. Es sind Freunde.

Das Herausfordern oder Infragestellen könnte folgendermaßen geschehen: »Im Namen Gottes und von allem, was Licht ist, wer bist du und welche Absicht verfolgst du mit deiner Annäherung?« Das muß dreimal wiederholt werden; die Antwort erfolgt vielleicht in Form eines starken Gedankens, der unmittelbar im Geist auftaucht, eines Eindrucks oder Gefühls.

Hat das Wesen sich namentlich identifiziert, dann könnte deine Herausforderung lauten: »Im Namen Christi – bist du ein Wesen höchsten und reinsten Lichts?« Es reicht nicht aus, etwa folgende Frage zu stellen: »Kommst du aus dem Licht?«, weil dies alles mögliche bedeuten kann. Ein verspieltes Kind mit einer Taschenlampe ist ein Licht, doch würde ich mich nicht seiner Führung anvertrauen. Dein verstorbener alkoholkranker Onkel könnte versuchen, Einfluß auf dich zu gewinnen. Hast du ihm aber zu Lebzeiten nicht getraut, so besteht kein Grund, ihm zu vertrauen, nur weil er jetzt ein Geist ist. Es gibt viele Ebenen des Lichts, von Gaunern bis hin zu großen und wunderbaren Meistern.

Das spirituelle Gesetz der Herausforderung dient deinem Schutz.

*Im Zweifelsfall*
*fordere jene heraus,*
*die in deinen Raum eintreten wollen.*

# Die Gesetze höherer Frequenz

# Kapitel 26
# Das Gesetz der Frequenz oder Schwingung

Angst ist eine schwere Schwingung (niedrige Frequenz), Ruhe, Friede und Liebe sind leichte Schwingungen (hohe Frequenz). Humor löst schwierige Situationen auf und hebt die Energie an. Liebe heilt den dicken Sirup des Kummers. Hohe, leichte Schwingungen lösen niedere, schwere auf und wandeln sie um. Während Panik, wird sie nicht unter Kontrolle gebracht, Verwüstungen anrichtet wie ein verheerendes Feuer, löscht die Anwesenheit einer ruhigen Person die Flammen und besänftigt die Ängste aller.

Jane besuchte mich, weil sie richtiggehend Horror davor hatte, ihre angeheirateten Verwandten zu besuchen. Weihnachten stand vor der Tür, und sie befürchtete, es würde die übliche schwierige Zeit werden. Sie berichtete mir, ihr Schwiegervater sei ein fetter und wichtigtuerischer Mann, ihre Schwiegermutter pummelig und eine Nörglerin, während Bruder und Schwester ihres Ehemannes einfach ungemein langweilige Leute seien. Ich schlug ihr vor, sie solle, um die Schwingung leichter zu machen, sich diese Verwandten als Tiere vorstellen. Ihr Gesicht hellte sich sofort auf, und sie sagte, ihr Schwiegervater sei ein Pinguin, ihre Schwiegermutter eine Kuh, ihr Schwager ein Pferd und ihre Schwägerin ein Schaf.

Das Weihnachtsfest kam, und sie saß mit dem Pinguin, der

Kuh, dem Pferd und dem Schaf am festlichen Tisch. Während sie die Interaktion zwischen den Tieren beobachtete, hätte sie immer wieder laut herauslachen können. In ihrer Vorstellung sah sie, wie der Pinguin sich einen Fisch in seinen Schnabel schaufelte. Sie hörte, wie die Kuh das blökende Schaf anmuhte. Da mußte sie einfach lachen. Ihr Lachen war ansteckend, und bald kicherten alle, ohne wirklich zu wissen, warum. Das war das beste Weihnachtsfest, das sie jemals erlebt hatte. Später sagte die Familie, es sei ein wahres Vergnügen gewesen, sie so glücklich zu sehen. Ihre Leichtigkeit hatte auf ihr Verhalten abgefärbt.

Engel haben einen wunderbaren Sinn für Humor und lieben die Schwingung des Lachens. Sie nehmen sich selbst leicht, und ihre Anwesenheit bewirkt, daß auch du dich leichter fühlst.

Mhairi Kent hat mir folgende Geschichte erzählt: Vor vielen Jahren waren sie und ihr Ehemann gerade in ein anderes Haus gezogen. Sie kamen überhaupt nicht mit dem Leben zurecht, und ihr kleiner Sohn kränkelte viel und hatte Asthma. Sie selbst war fürchterlich erschöpft und glaubte die Situation nicht mehr länger ertragen zu können. Es war ein bitterkalter Novemberabend, und sie ging zur Hammersmith-Brücke in der Absicht, ins Wasser zu springen. Es war zwei Uhr morgens und niemand weit und breit zu sehen. Sie dachte: »Jetzt ist die Strömung wohl gerade richtig.« Sie hatte mit Bedacht ihren schönen Kamelhaarmantel angezogen, weil er schwer war. In ihrem teuren Mantel, die Handtasche fest umklammernd, starrte sie ins Wasser hinab und bereitete sich darauf vor zu springen.

Plötzlich bemerkte sie einen Stadtstreicher, der neben sie trat und sagte: »Entschuldigen Sie, Fräulein. Wollen Sie runterspringen? Wenn Sie springen wollen, könnte ich dann Ihren Mantel haben?« Dann blickte er auf ihre Handtasche und sagte: »Und was ist in Ihrer Handtasche? Das brauchen Sie doch wohl nicht mehr, oder?« Plötzlich mußte sie lachen. Sie lachte etwa vierzig Sekunden lang. Dann sah sie sich um, und er war nicht mehr da. Sie lief zu beiden Enden der Brücke, aber auch dort war niemand. Er war einfach verschwunden.

Ihr Sinn für Humor war zurückgekehrt und zerbrach die dunkle Energie in ihr, und sie ging nach Hause zurück und begann ein neues Leben. Sie glaubte, es sei ein Engel gewesen, der ihr als ein Landstreicher erschien, als sie in höchster Not war.

Zynische oder kritische Menschen senden Pfeile von niederfrequenter Energie aus. Eine Freundin erzählte mir, ihre Mutter sei eine äußerst kritische alte Dame: Jedesmal wenn sie ihre Kinder zu ihrer Mutter mitnahm, litten sie alle unter ihrer bösen Zunge. Auf dem Heimweg gab es dann jeweils ein Wettstreit, wer wohl die schlimmsten Beleidigungen eingesteckt hatte. Sie und ihre Kinder bogen sich dann vor Lachen, wenn sie die schrecklichen Dinge aufzählten, die die alte Mutter über sie gesagt hatte. Lachen war ihre Art, die Stachel wieder herauszuziehen.

Ärger und Wut sind Energien mit niedrigen Schwingungen. Ihnen liegt stets Angst und ein Gefühl der Machtlosigkeit zugrunde. Bleiben wir ruhig und gesammelt, dann halten wir eine hohe Schwingung aufrecht. Wir sind dann kraftgeladen. Bewahren wir diese Energie, dann können wir auch unsere Wahrheit aussprechen. Drücken wir ruhig aus, wie wir uns fühlen, dann löst das die Gefühle von Angst und Wut auf.

Das Sprichwort weiß, daß ein schlechter Apfel den ganzen Korb ansteckt. Zweifellos kann eine schlechte Person andere korrumpieren, die schwach sind. Auf starke Menschen hat sie jedoch keinen Einfluß.

*Andererseits kann eine starke Person mit reinen Absichten böse Menschen positiv beeinflussen.*

Jedermann weiß, daß Tiere auf Frequenzen reagieren, deren wir nicht gewahr sind. Ein Hund pflegt zu knurren, wenn du vor ihm Angst hast. Ein Pferd merkt sofort, wenn du Angst hast, und wird entsprechend reagieren. Lehrer wissen, daß die Kinder in ihrer Klasse sich bösartig verhalten, wenn sie selbst nervös oder gestreßt sind. Fühlst du dich stark, zuversichtlich und liebevoll, so werden alle Geschöpfe und Pflanzen positiv auf die hohe Frequenz reagieren, die du ausstrahlst.

Ich sprach mit einer angehenden Lehrerin, die sehr verzweifelt war, weil die Kinder sie an diesem Tage so schlecht behandelt hatten und so bösartig gewesen waren. Wir erörterten das, und ich half ihr, ihre Ängste zu überwinden. Sie bat ihren Engel, mit den Engeln jedes Kindes in der Klasse zu reden. Bevor sie am folgenden Tag zur Schule ging, bat sie die Engel, durch sie tätig zu werden. Als sie dann ins Klassenzimmer trat, konnte sie es kaum glauben. Da saßen vierunddreißig Achtjährige an ihren Pulten und lächelten sie ruhig an, als seien sie selbst kleine Engel. Es wurde die beste Unterrichtsstunde, die sie jemals gehalten hatte. Engel haben eine hochfrequente Schwingung. Allein schon über sie nachzudenken steigert das Bewußtsein.

Etwas tun, weil du denkst, du mußt oder solltest es eigentlich tun, hat eine niedrige Schwingung. Schuld oder Verpflichtung sind keine guten Gründe, etwas zu tun. Änderst du dein Verhalten oder entscheidest dich, etwas zu tun, was du ehrlich tun willst, dann strahlst du hochfrequente Energie aus. Je eher wir nur das tun, was uns ein Gefühl von Freude und Begeisterung gibt, desto schneller werden wir unsere Frequenz und die der Menschen um uns herum erhöhen.

Mangelndes Selbstwertgefühl stammt aus negativen Selbstgesprächen. Das ist düstere Einbildung und – aber das braucht wohl kaum noch betont zu werden – sendet eine niedrige Schwingung aus. Andererseits strahlen Selbstwertgefühle und Zuversicht hochfrequentes Licht aus.

Es gibt ein Märchen über eine kleine Ente, die sich anders als alle anderen und häßlich vorkam. Sie glaubte, niemand wolle mit ihr zusammensein. Also isolierte die kleine Ente sich von den anderen Enten, weil sie sich so allein fühlte. Sie redete sich selbst ein, anders und unerwünscht zu sein. Eines Tages jedoch schwamm ein riesiger und sehr schöner weißer Vogel königlich zu ihr über den See. Es war ein Schwan, der sie überrascht ansprach. »Was machst du hier unter diesen Enten? Du bist kein häßliches Entlein, sondern ein Schwan.« Von dem Augenblick an, da der junge Schwan erfuhr, wer er wirklich war, fühlte er sich verwandelt. Er hielt den Kopf hoch und erkannte, daß er als Schwan anders war, und er war stolz darauf. Er wußte nun, daß er zu einem schönen weißen Vogel heranwachsen würde. Von diesem Augenblick an handelte er wie ein Schwan. Er strahlte Zuversicht und Selbstwertgefühl aus.

Denk also stets daran, wer du wirklich bist. Du bist ein erstaunliches Wesen. Du bist ein wunderschönes, unglaubliches, vibrierendes und lebendiges Wesen. Wirst du dir darüber klar und handelst du wie ein Meister des Lichts, dann strahlst du eine helle Schwingung aus. Alles, was du tun mußt, ist zu erkennen, wer du bist, und es zu akzeptieren.

Du kannst deine Vorstellungskraft nutzen, um Zuversicht, Freude oder schöne Farben in deine Aura fließen zu lassen. Du kannst positive Lösungen für deine Herausforderungen visualisieren; das wird dich auf das Niveau eines hochfrequenten Wesens heben.

Lebst du dein Leben mit Charme, Anmut, Freude, Integrität, Großzügigkeit oder irgendeiner der anderen »großen« Eigenschaften, dann wirst du automatisch die niederfrequenten Ausstrahlungen anderer auflösen und sie auf eine höhere Ebene heben. Nach dem Gesetz des Karmas werden dann wunderbare Dinge wieder auf dich zukommen.

Fluchen erschafft eine dicke, dunkle Gedankenwolke. Das gleiche gilt für Gewaltausübung, Verletzen, Mißhandlung,

Eifersucht, Schuldgefühle und andere negative Emotionen. Sie können durch Vergebung, Mitgefühl und Freude aufgelöst werden. Das Singen von *Om* und anderen geheiligten Mantras und Gebeten löst eine hochfrequente Energie aus; das gilt auch für das Wiederholen der Namen von Göttern, Erzengeln und Meistern. Spirituelle Bücher, klassische Musik und schöne Gemälde erhöhen die Schwingungen eines Raumes. Bündeln genug Leute Licht auf ein Stadtgebiet, in dem es Dunkelheit und Gewalt gegeben hat, dann breiten sich dort Güte und Frieden aus.

Leid oder Krankheit haben eine schwere Schwingung, die den Fluß vitaler Lebenskraft blockiert. Heilung findet dann statt, wenn hochfrequente Energie zu dieser Person kanalisiert wird. Diese wandelt die schwere Schwingung des Leidens um und erlaubt es der Gesundheit zu blühen.

Reichtum hat eine eigene Schwingung. Willst du reich sein, denke reich. Erfolg hat seine eigene Frequenz: Suche die erfolgreichen Leute, und mische dich unter sie, dann werden deine Schwingungen den ihren gleichkommen.

Möchtest du dein spirituelles Licht vergrößern, dann mische dich unter spirituelle Menschen, so daß deine Schwingung und ihre zu verschmelzen beginnen. Um Liebe und Licht auf den Planeten zu bringen, bringe Säulen weißen Lichts hervor, um Engeln und höheren Wesen den Zugang zu ermöglichen. Erzeuge mit deinen Gedanken Brücken des Lichts zu Menschen und Orten, so daß Hilfe und Heilung zu ihnen gelangen kann.

Dein Name hat eine bestimmte Schwingung. Wird er ausgesprochen, so ruft er deine Lektionen herbei. Bevor du geboren wurdest, hast du den Namen, mit dem du gerufen werden solltest, deinen Eltern telepathisch mitgeteilt. Viele Kinder werden mit einem Kosenamen oder einer abgekürzten Form ihres Namens gerufen, weil sie nicht allen Lektionen gewachsen sind, die ihnen zu jener Zeit zuteil werden. Wenn sie älter sind, benutzen sie oft ihren vollen Namen.

Änderst du deinen Namen, so ziehst du neue Lektionen auf dich. Wird dein Name ärgerlich ausgesprochen, vor allem wenn du ein Kind bist, dann erhältst du den Eindruck, deine Lektionen seien schwierig. Wird er liebevoll ausgesprochen, dann weißt du, daß du das, womit du konfrontiert wirst, auf harmonische Weise erledigen kannst.

*Dies sind die Lektionen, die du lernen kannst, wenn du die folgenden Laute in deinem Namen hast:*

- A – Reinigung. Das hat mit dem Loslassen von Ärger und anderen Energien oder festen Anschauungen zu tun. Laß sie los.
- E – Beziehungen. Du lernst, harmonisch und mit Integrität Beziehungen zu anderen zu pflegen.
- I – Gewahrsein. Du lernst gewahr zu sein, wer du bist und was die Welt bedeutet.
- O – Unschuld. Du lernst, in deinem Wesentlichen zu leben. Hier geht es um das Leben im Jetzt und darum, du selbst zu sein. Bringe dein wahres Selbst zum Ausdruck.
- U – Grenzen. Du lernst, deine eigenen Grenzen festzusetzen. Wisse, welches deine Emotionen und welche die der anderen sind. Trage nicht die Verantwortung anderer.

*Sag deinen Namen und den aller anderen mit großer Liebe, und du wirst automatisch Liebe fühlen und verbreiten.*

*Strahle reine Energie aus,*
*und du wirst die Bedrückung*
*der Menschen um dich herum*
*umwandeln.*

# Kapitel 27
# Das Gesetz der Wunder

Geschieht etwas, das mit unseren Naturgesetzen normalerweise nicht zu erklären ist, dann müssen wir uns den spirituellen Gesetzen zuwenden.

Auf Erden leben wir in einer schweren Schwingung, die dem Gesetz des Karmas unterworfen ist. Gelegentlich geschieht etwas, das uns erlaubt, durch eine Lücke in die göttliche Energie zu schlüpfen. Die göttliche Frequenz löst unsere niedrigere Energie auf, verwandelt sie, und es geschieht ein Wunder. In dem Maße, in dem das weltweite Bewußtsein sich erweitert, finden mehr und mehr Menschen Zugang zum Göttlichen; dementsprechend erleben auch mehr Menschen Wunder.

Echtes Vergeben und bedingungslose Liebe sind göttliche Energien, die es ermöglichen, daß Wunder geschehen.

Vor einigen Jahren erzählte mir eine ältere Dame, als einziges Weihnachtsgeschenk wünsche sie sich einen Telefonanruf ihres Sohnes. Sie hatte seit fünf Jahren nichts mehr von ihm gehört, und während dieser Zeit war sein Vater gestorben. Wenn sie über ihren Sohn sprach, klang ihre Stimme bitter und verletzt; sie fand kein gutes Wort über ihn. Bitterkeit, Verletztheit und Zorn sind schwere, abstoßende Energien. Kein Wunder, daß ihr Sohn keinen Kontakt zu ihr suchte. Wir sprachen längere Zeit über die Situation, bis sie die Dinge anders sah. Dann schlug ich ihr vor, sie solle den Groll, den sie empfand, niederschreiben und das Papier dann verbrennen. Das tat sie auch; anschließend saß sie still da und dachte an all das, was sie an ihrem Sohn liebte. Schließlich bat sie ihren Engel, mit seinem Engel zu sprechen und vorzuschlagen, er solle zu Weihnachten anrufen. Er rief am Weihnachtstag wirklich an.

Ändert jemand nach vielen Jahren sein Verhalten dir gegenüber vollständig, dann ist das ein Wunder. Anne erzählte mir folgende Geschichte: Sie und ihre Mutter waren niemals wirklich miteinander ausgekommen, zum Teil, weil ihr Bruder der Liebling der Eltern war. Es war für die ganze Familie ein furchtbarer Schock, als er Selbstmord beging. Annes Mutter brach zusammen; sie wollte nie über ihren Schmerz sprechen und verschanzte sich hinter einer unüberwindlichen emotionalen Mauer. Sie redete ununterbrochen, und Anne konnte einfach nicht zu ihr durchdringen.

Anne las mein erstes Buch *Light Up Your Life* und dachte: »Nein, das ist ja lächerlich. Es ist unmöglich, sich so leicht zu ändern. Das mag vielleicht bei anderen funktionieren, aber nicht bei mir. Ich werde es niemals schaffen, die Beziehung zu meiner Mutter zu heilen.«

Eines Tages jedoch saß sie bei ihrer Mutter, die wie gewöhnlich nicht einen Augenblick zu reden aufhörte. Anne erinnerte sich an das, was sie gelesen hatte, und beschloß, es zu versuchen. Sie stellte sich vor, daß all ihre Abwehrmauern einstürzten und dann die ihrer Mutter. Dann saß sie da und projizierte Liebe auf ihre Mutter. Wenige Minuten später stoppte ihre Mutter urplötzlich ihren Redefluß, sah Anne an und sagte: »Es muß einen anderen Weg geben.«

Plötzlich erzählte sie, was sie empfunden hatte, als ihr Sohn starb. Sie erzählte Anne, sie und ihr Ehemann hätten von jenem Moment an nie mehr miteinander geschlafen. Sie wurde plötzlich verwundbar und sanft. Von diesem Augenblick an kamen Anne und ihre Mutter sich unglaublich nahe. Als die Mutter starb, fühlte Anne, daß sie sie wirklich liebte.

*Wunder sind ein natürliches Ergebnis der Aktivierung höherer Energien.*

Bitten wir die Engel oder Aufgestiegenen Meister oder irgendein Wesen aus der spirituellen Hierarchie des Lichts um Hilfe, dann ziehen wir die göttliche Frequenz herbei, welche die Naturgesetze transzendiert.

Eine indische Dame erzählte während eines Workshops die folgende Geschichte: Sie machte gern Näharbeiten. Eines Tages hakte die Spule ihrer Nähmaschine fest, und sie konnte sie nicht mehr in Gang bringen. Da sie nicht Auto fahren konnte und es ihr auch nicht möglich war, die schwere Maschine zur Reparaturwerkstatt zu tragen, räumte sie sie beiseite und hoffte, daß irgend etwas geschehen werde. Zwei Tage später kam ihr Ehemann mit einer Hose nach Hause, die er gekauft hatte. Sie war zu groß und mußte enger gemacht werden. Er wollte sie am folgenden Tag zur Arbeit anziehen. Sie holte die Nähmaschine hervor, doch die Spule war total festgeklemmt. Sie versuchte alles nur Mögliche, doch sie blieb stecken. Schließlich setzte sie sich ruhig vor die Maschine und bat die Engel um Hilfe. Sie sagte: »Mein Mann braucht diese Hose morgen. Bitte helft mir.« Als sie es erneut versuchte, funktionierte die Spule wie geölt.

Eine enge Freundin zog in ein neues Haus. Sie besaß ein großes Sofa, an dem sie sehr hing. Die Möbelpacker schafften es nicht, es durch die Haustür zu bringen. Also legten sie einen Teil des Zauns des Nachbarn um und trugen das Sofa zum rückwärtigen Teil des Hauses. Aber es ging nicht durch die Terrassentür. Sie versuchten jede erdenkliche Position. Dann bat meine Freundin ruhig die Engel, die Sache in die Hand zu nehmen. Innerhalb einer Minute nach der Bitte um Hilfe war das Sofa durch die Tür geschleust und im Wohnzimmer aufgestellt. Die Möbelmänner waren verblüfft.

Ich machte im Rundfunk eine Sendung, bei der die Hörer anrufen konnten. Eine Dame rief an und erzählte folgende Geschichte: Als ihr Vater gestorben war, wußte sie nicht, wie sie die Bestattung ausrichten sollte. Sie fühlte sich völlig hilflos und wurde mit der Situation nicht fertig. Sie war so verzweifelt, daß sie um Hilfe bat. In der Nacht erschien ihr im Traum ein Engel. Sie hörte, wie um sie herum Hymnen gesungen wurden, und empfand totalen Seelenfrieden. Dieses Gefühl hielt an und trug sie durch die ganze Organisation der Bestattung. Außerdem erzählte sie, eines Tages habe der Springbrunnen in ihrem Garten versagt. Freunde wollten ihn reparieren, doch es gelang ihnen nicht. Sie fürchtete, die Fische könnten umkommen. Mehrere Tage lang versuchten verschiedene Leute, den Springbrunnen in Ordnung zu bringen, doch er wollte einfach nicht funktionieren. Schließlich bat sie vor dem Einschlafen die Engel, ihr bei dem Problem mit dem Springbrunnen zu helfen. Am nächsten Morgen wurde sie vom Geräusch des fließenden Wassers geweckt. Der Springbrunnen arbeitete wieder normal.

Von einer Geschichte, die jemand während eines Workshops erzählte, war ich wirklich beeindruckt: Die Dame erzählte, ihr Ehemann sei Geschäftsmann und reise häufig nach Deutschland. Während einer Reise übernachtete er in einem Hotel, in dem er regelmäßig abstieg. Am Morgen stieg er in seinen Wagen und fuhr los. Plötzlich stellte er zu seinem Schrecken fest, daß er in verkehrter Richtung auf dem Autobahnzubringer fuhr und ihm Fahrzeuge entgegenkamen. Es war wie ein Alptraum. In Panik rief er die Engel um Hilfe an. Im nächsten Augenblick fand er sich in der entgegengesetzten Fahrspur mitten im Verkehrsstrom wieder. Er fand nie eine Erklärung dafür.

Große Wesen wie Sai Baba manifestieren aus ihren Händen heilige heilende Asche, Vibhutti-Asche genannt. Es gibt viele Geschichten darüber, daß Vibhutti-Asche sich auf Bildern von Sai Baba gebildet hat. Im Hause eines Anhängers sah ich, daß Vibhutti-Asche den ganzen Bilderrahmen ausfüllte; im Heiligtum dieses Anhängers kam sie sogar aus der Tapete, es war ganz erstaunlich.

Synchronizitäten und Zufälle sind eine Form von Wundern. Hinter den Kulissen arbeiten spirituelle Kräfte, um das gewaltige und fabelhafte Universum zu koordinieren und sicherzustellen, daß vorbestimmte Begegnungen auch stattfinden. Das kann so einfach sein wie in einer Geschichte meines Vaters. In einem Eisenbahnzug traf er einen Inder und sagte zu ihm: »Als ich in Indien lebte, war ich sehr mit einem jungen Mann befreundet. Sie kennen ihn nicht vielleicht zufällig?« Es stellte sich heraus, daß sein indischer Freund ein Vetter ersten Grades dieses Mannes war – unter all den vielen Millionen Menschen, die in Indien leben! Dieser Vorfall inspirierte meinen Vater dazu, seinem Freund wieder zu schreiben, und sie blieben seitdem in Kontakt. Ein Ergebnis dieser Entwicklung war, daß ich mit meiner Tochter bei dieser Familie in Delhi wohnen konnte, fünfzig Jahre nachdem meine Eltern sie kennengelernt hatten. Sie zeigten uns all die Dinge, die ich seit meiner Kindheit immer schon hatte sehen wollen, und wir verbrachten zusammen eine wundervolle Zeit.

Zufälle und Synchronizitäten werden von Gott gelenkt und von deinen Führern und Engeln herbeigeführt, damit du Gelegenheit hast, deine Bestimmung zu erfüllen.

*Wenn deine Schwingungen sich erhöhen, ziehst du immer mehr spirituelle Hilfe an. Daher sind Wunder, Synchronizitäten und zeitliche Koinzidenzen Signale aus dem Universum, daß du dich auf dem richtigen Weg befindest.*

*Wunder sind Hinweise darauf,*
*daß du dich auf dem für dich richtigen Weg*
*befindest.*

# Kapitel 28
# Das Gesetz der Heilung

Alles ist Licht. Licht ist Energie. Dein physischer Körper wird durch die Energie deines Bewußtseins gebaut. Offensichtlich geschieht dies nicht nur durch dein Bewußtsein während seiner Lebenszeit. Hätte jede Seele nur ein Leben auf der Erde, dann wäre es eindeutig ungerecht, wenn eine Person behindert oder krank ist, während eine andere sich bester Gesundheit erfreut. Dein Körper wird durch das Bewußtsein deiner Seele während mehrerer Lebenszeiten gebildet. Alles ist spirituell vollkommen. Du bist hier, um das Leben in einem menschlichen Körper zu erfahren. Gewisse physische Entscheidungen werden von deiner Seele vor der Geburt getroffen, und viele davon mögen als physische Begrenzungen empfunden werden. Deine Persönlichkeit oder dein niederes Selbst treffen andere Entscheidungen von Augenblick zu Augenblick.

Auf Erden gibt es nur zwei Grundempfindungen: Die eine ist Furcht und die andere Liebe. Widersetzt man sich den selbstgewählten Erfahrungen aus Furcht, dann erzeugt man in seinem mentalen, emotionalen oder spirituellen Körper Blockaden. Das verursacht schließlich physische Krankheiten. Inflexible, versteinerte Anschauungen und mentale Verhaltensweisen verursachen Spannungen. Hält man ein Organ lange genug unter Spannung, dann manifestiert sich etwas

Körperliches. Geleugnete oder unterdrückte Emotionen verharren im Körper, bis sie sich als physische Krankheiten manifestieren.

Weigert man sich, sein spirituelles Selbst und seine eigene Großartigkeit anzuerkennen, dann schneidet man sich von der Versorgung mit göttlicher Energie ab, und der eigene physische Körper verwelkt.

Alle Krankheiten werden durch blockierte Energie verursacht. Ist man glücklich und strömt vor Liebe über, dann reagieren die Zellen im Körper durch Gesundsein. Dein Körper gleicht einem Fluß aus Energie, der fließt, bis er aufgehalten wird. Liebe ist eine hochfrequente Energie, die den Körper klar und im Fluß hält. Alle Manifestationen von Furcht, etwa unausgedrückter Kummer, Verletztheit, Wut oder Eifersucht haben niedrige Schwingungen und wirken wie Schlick, der das Fließen behindert. Öffnet man die Schleusentore und schickt einen Schub Wasser den Fluß hinunter, dann spült dieser den Schlick weg und wäscht ihn ins Meer hinaus. Das ist auch die Wirkung eines Schubs heilender Energie.

*Heilung findet statt, wenn hochfrequente Energie durch den Körper fließt und die festsitzende Energie umwandelt, welche Krankheit verursacht.*

Eines der Grundgesetze des Universums besagt, daß man um Erlaubnis bitten muß, bevor man in die Energie eines anderen eingreift. Deshalb ist es unangebracht, sich einzumischen und jemand anderem Heilung zu geben, wenn dieser nicht zustimmt. Dafür gibt es mehrere Gründe.

In das Energiesystem eines anderen einzutreten ist so, als betrete man ein fremdes Haus. Es ist ein privater Ort, und man erwartet von uns, daß wir vor dem Eintreten anklopfen.

Ihre Krankheit könnte den Bewohnern des Hauses auf

irgendeine Weise nützlich sein, selbst wenn sie darüber schimpfen.

Die Krankheit ist ihr Karma, und wenn sie die Lektion, die sie bietet, nicht gelernt haben, dann würde man ihrem Wachstum nicht dienlich sein, wenn man die Krankheit heilte.

Es ist vielleicht auch nicht die rechte Zeit für eine Heilung, und ihre Seele wird das wissen.

Vielleicht haben sie auch einen spirituellen Vertrag mit jemand anderem, der sie heilen soll.

Wünschst du dir sehr, daß es jemand anderem besser geht, dann haftest du auf gewisse Weise an ihm. Schneide die Bande durch, und erlaube den anderen, freie Entscheidungen zu treffen. Es steht dir nicht zu zu entscheiden, was für eine andere Person das höchste Gut ist.

Ist es unmöglich zu fragen, ob du Heilung spenden darfst – etwa wenn die andere Person zu jung oder zu krank ist –, dann stimme dich auf ihr höheres Selbst ein. Bittest du mental deren höheres Selbst um Erlaubnis, dann wirst du einen deutlichen Eindruck einer zustimmenden Antwort erhalten, wenn es angemessen ist. Erhältst du sie nicht, dann schicke keine Heilung.

Heilen ist eine sehr kraftvolle Frequenz. Bestehst du darauf, sie jemandem aufzuzwingen, und wird diesem dadurch eine karmische Krankheit genommen, dann wirst du sie statt seiner in diesem oder einem anderen Leben ertragen müssen.

Sei jedoch spontan. Hör auf deine Intuition. Kommst du bei einer Autofahrt an einem Unfall vorbei, bei dem jemand verletzt wurde, dann zögere nicht. Geh hin und hilf. Heilung wird automatisch durch dich fließen, wenn es richtig ist.

*Es ist immer angebracht, Licht oder Liebe zu senden oder die Engel zu bitten, jemanden in Licht und Liebe einzuhüllen.*

Heilung findet statt, wenn sich jemand einschaltet, indem er hochfrequente Energie durch den Klienten kanalisiert oder den Selbstheilungsmechanismus des Patienten stimuliert. Da hohe Schwingungen niedrigere aufzehren, kann Heilung auch stattfinden, wenn jemand eine hohe Energie etwa durch Tanzen oder Rituale oder durch Anwenden des eigenen Magnetismus freisetzt.

*Es gibt viele Formen des Heilens:*

- *Spirituelles Heilen.* Widmen Menschen sich ganz dem Heilen, dann stimmen sie sich selbst auf das Göttliche ein, und zwar durch spirituelle Übungen, durch persönliche Entwicklung und rechtes Leben. Das erlaubt es ihnen, hochfrequente Energie zu kanalisieren, die durch die Zellen des Körpers einer Person fließt. Ist ein Heiler ein klarer Kanal, dann können Wunder stattfinden, und die Seele der empfangenden Person wird die Heilung dort nutzen, wo sie am meisten gebraucht wird. Das muß nicht zwangsläufig eine Linderung auf der physischen Ebene bedeuten. Vielleicht gewinnt der Patient auch nur mehr Geduld im Umgang mit seiner Krankheit. Er fühlt sich vielleicht glücklicher oder ruhiger, oder es fällt ihm leichter zu sterben. Heilung findet stets auf einer bestimmten Ebene statt.
- *Geistheilung.* Auch hier kanalisiert der Heiler Energie aus dem Göttlichen, doch wird die heilende Energie durch die Kraft des Gebets und Glaubens aktiviert.
- *Heilung durch Verhaltensänderung.* Der Heiler hilft seinem Klienten, sein Verhalten zu ändern. Vergibt die kranke Person aufrichtig sich selbst und der Person, die die krankhaften Gefühle von Groll, Haß, Furcht oder anderer blockierter Emotionen verursacht hat, dann wird die Energieblockade aufgelöst, und Licht und Liebe fließen wieder.
- *Fernheilung.* Durch Gebet, spirituelles Heilen oder

Absicht kann Licht zu Menschen geschickt werden, um sie zu heilen.

- *Magnetisches Heilen.* Verfügt jemand über überschüssige persönliche Energie, dann kann diese genutzt werden, um die niedrigen Frequenzen umzuwandeln, die jemand anderen blockieren. Energie kann gesteigert werden durch Tanz, Gesang oder Rituale. Da dies keine göttliche Energie ist, mag die Heilung nicht von Dauer sein, es sei denn, sie setzt den Selbstheilungsmechanismus der betreffenden Person in Gang.
- *Reiki-Heilung.* Heiler sind auf hochfrequente universale Symbole eingestimmt. Das gleicht eher einem eingeschalteten Fernsehempfänger. Wer die richtige Frequenz eingestellt hat, der bringt die Reiki-Energie dazu, ihn selbst und andere zu heilen.
- *Heilung durch Engel.* Sie gleicht dem spirituellen Heilen, doch geleiten die Engel hierbei die heilende und die Heilung empfangende Person zu Gott. Die Möglichkeiten sind grenzenlos.
- *Naturheilkunde.* Akupunktur, Homöopathie, Heilung durch Klänge, Kristalle, Kräuter, richtige Ernährung – all das und die meisten natürlichen Therapien tragen dazu bei, das kranke persönliche Energiesystem wieder in Ordnung zu bringen und die Blockaden durch hochfrequente Energie aufzulösen. Diese Methoden stimulieren auch die Selbstheilungsprozesse der betreffenden Person. Jedes Heilen steigert die Frequenz der kranken Person und bringt ihr mehr Licht.

*Einige Schritte, die beim Heilen zu beachten sind:*
Erde dich selbst und deinen Klienten. Ungelenkt fließende hochfrequente Energie ist nicht nützlicher als ein Blitz am Himmel. Licht muß geerdet werden, um von Nutzen zu sein. Man kann sich erden, indem man visualisiert, man habe Wurzeln, die von den eigenen Füßen ins Erdreich reichen. Legst

du jemandem die Hände auf die Schultern, dann öffnest du damit auch die Chakras unter seinen Füßen. Sie sind die spirituellen Energiezentren, die einen Menschen mit der Erde verbinden und in ihr verwurzeln. Am Ende einer Heilung ist es oft hilfreich, die Hände auf die Füße des Patienten zu legen.

Stimme dich auf die Person ein, die du heilen willst. Das bedeutet, daß du ihr dein Herz öffnest und dich in ihre Energie einfühlst. Ein Gebet wird dieselbe Wirkung haben.

Bitte das höheres Selbst der Person um Erlaubnis, selbst wenn du sie von ihr bereits erhalten hast.

Verweile in der Absicht, ein hoher und reiner Kanal für göttliche heilende Energie zu sein, die durch dich in den Klienten fließt. Während du dies tust, halte dir ein Bild seines göttlichen Selbst vor Augen, das vollkommen ist.

Laß los. Haftest du an Ergebnissen, dann blockiert du das Heilen. Hast du den Heilungsvorgang beendet, dann löse dich mental von der Person, mit der du arbeitest. Das wird auch dafür sorgen, daß du nicht die Krankheit der anderen Person auf dich überträgst.

Da das menschliche Bewußtsein gegenwärtig ganz allgemein erweitert wird, so daß die höheren Chakras oder spirituellen Energiezentren sich öffnen, fühlen immer mehr Menschen sich zum Heilen hingezogen. Willst du ein Heiler sein, dann bist du ganz bestimmt einer. Denk dabei an folgendes: Damit die Heilung wirksam wird, muß dein Licht oder das Licht, das du kanalisiertest, höher sein als das der Person, mit der du arbeitest. Also mach deine Kanäle frei, werde dir klar über deine Absichten, und dann leiste deinen Dienst als Heiler.

*Heilung findet statt,*
*weil Licht die niederen Schwingungen*
*der Krankheit umwandelt.*

# Kapitel 29
# Das Gesetz der Reinigung

Deine Aura ist wie ein Mantel, der dich einhüllt. Ist deine Essenz rein, dann ist sie ein gewaltiges Licht, das dich umgibt und schützt. Gibt es bei dir ungelöste Probleme, dann zeigen sich diese als schmutzige Flecken in deiner Aura. Eine Person, die krank ist oder sich in einem Schockzustand befindet, kann eine schwache oder nichtexistente Aura haben, während eine sehr negative Person in einen dunklen Umhang eingehüllt erscheint.

Ist deine Aura ganz klar und rein, so kann dir nichts Böses geschehen; keine negative Person oder Situation kann sie durchdringen. Furcht läßt Verletzungen, Beschädigungen oder Gefahren herein; Reinheit vermittelt Sicherheit.

Je mehr wir uns entwickeln, desto heller ist der Lichtkegel, der auf uns fällt, so daß unsere schwarzen Flecken offenbar werden. Ein einzelner Schmutzfleck auf normaler Kleidung wird kaum bemerkt; auf sauberen weißen Kleidern wird jeder Fleck jedoch gleich sichtbar. Andere Menschen leisten uns einen Dienst, wenn sie uns auf schmutzige Flecken auf unserer Kleidung aufmerksam machen. Unsere Aura ist wie unsere Kleider.

Hilft uns jemand, indem er auf einen negativen Fleck in unserer Aura deutet, dann sagen wir oft, er berühre unseren wunden Punkt. Diese Leute nennen wir oft schwierig oder provokant – tatsächlich sind sie jedoch unsere besten Diener.

Lang gehegter Groll, Wut oder verletzte Gefühle bilden automatisch Flecken in unserer Aura, desgleichen so düstere Gefühle wie Neid, Eifersucht, Stolz oder Habsucht. Diese dunklen Flecken werden magnetisch Herausforderungen in dein Leben ziehen, um deine Aufmerksamkeit auf das zu lenken, was du reinigen mußt.

Eine Methode, deine Aura von Flecken zu reinigen, besteht darin, alle aufkommenden negativen Gedanken aufzuschreiben. Tu dies mit der Absicht, sie aufzulösen. Dann verbrenne das Papier, wenn du kannst: Verbrennen wandelt die schwere Energie um. Kannst du das Papier nicht verbrennen, dann spül es die Toilette hinunter, weil Wasser ebenfalls reinigt. Geht das auch nicht, dann vergrabe das Papier.

Erde, Feuer, Wasser und Luft sind große Reiniger. Geht man barfuß auf grünem Gras, dann erlaubt das deinen negativen Energien, durch die Füße in die Erde abzufließen, wo Mutter Erde sie reinigen wird. Eine leichte Brise im Freien wird deinen Kopf klar machen und dich ins Leben zurückbringen. Schwimmen, vor allem in salzigem Meerwasser, wäscht deine Aura sauber. Kannst du nicht ans Meer fahren, dann streu Meersalz in dein Badewasser.

Neulich war ich erstaunt, einen Bekannten zu treffen, den ich schon ewig nicht gesehen hatte. Er hatte stets lebensmüde ausgesehen und war leicht erregbar; Erregbarkeit ist ein untrügliches Zeichen dafür, daß deine Aura der Reinigung bedarf. Nun aber sah er locker, klar und um zehn Jahre jünger aus und strahlte Lebenskraft aus. Er sagte mir, er habe aufgehört, über seine Probleme nachzudenken, und wieder mit dem Windsurfen begonnen.

Feuer ist wohl das kraftvollste Reinigungsmittel von allen. Das Verbrennen alter Fotos, Briefe und persönlicher Dinge verwandelt das solchen Andenken anhaftende Negative und verändert die dich umgebende psychische Energie.

Alle Süchte sind Verhaltensweisen, die wir wiederholen, um Gefühle zu unterdrücken. Darunter fallen etwa übermäßiges Essen, zwanghaftes Einkaufen, zu hoher Alkoholgenuß und ein Dutzend andere Handlungsweisen. Diese »eingesperrten« Gefühle müssen jetzt aus deiner Aura entfernt werden, wenn sie rein werden soll. Du kannst zu diesem Zweck Licht als Hilfsmittel nutzen.

Wenn du dir etwa gerade eine Zigarette anzünden willst, halte für einen Augenblick ein und bitte das Licht um Unterstützung, die Emotion zu empfinden, die du unterdrücken willst. Bitte das Licht, dir die geleugnete Empfindung zu offenbaren. Bitte es, dir zu helfen, sie zu fühlen. Dann bitte um Hilfe bei deren Freisetzung.

Schließlich bitte das Licht, die Emotion für dich zu heilen. Stell dir ein Kind vor, das friert, schmutzig ist und sich vielleicht sogar verirrt hat. Eine in einen schönen warmen Mantel gekleidete Person kommt vorbei und hüllt es in ihren warmen Mantel ein, um es zu wärmen. Sie wird sich dabei natürlich schmutzig machen. Hüllst du andere in deine Aura der Liebe und des Mitgefühls ein, dann nimmst du dabei deren psychischen Schmutz auf.

Es gibt viele Menschen mit klaren Auren, die andere in ihren schützenden Mantel hineinnehmen, ohne sich wirklich dessen bewußt zu sein, was sie da tun. Weil sie die negative Energie der anderen Person in sich aufnehmen, können sie sich müde oder erschöpft fühlen. Hast du eine große, reine Aura, dann mußt du nicht einmal mit jemandem sprechen, damit so etwas geschieht. Deine Aura durchdringt die andere und beginnt sie zu reinigen. Das bedeutet, du kannst dich ausgelaugt und müde fühlen, wenn du mit Menschen niedriger Schwingungen zusammen bist. Befindest du dich in Gegenwart eines Menschen, dessen Aura reiner ist als deine, dann wird seine die deinige reinigen.

Deine Aura ist die Pufferzone zwischen dir und der Außenwelt. Es ist hilfreich, sie »einzuziehen«, bevor du zum Einkaufen gehst oder zu Orten, wo es viele Menschen gibt. Wie bei jeder spirituellen Arbeit nutzt du deine Vorstellungskraft: Du ziehst deine Aura ein, indem du dir vorstellst, sie rücke dicht an deinen Körper, so als hülltest du dich ganz eng in deinen Mantel.

Eine zerlumpte, finster blickende und übelriechende Person in der Nähe wirkt abstoßend. Man sollte sich von solchen Menschen fernhalten. Deine Aura hat Farbe, Geschmack und Geruch. Sie kann sich dick, glatt, leicht oder schwer anfühlen. Ist sie finster, übelriechend und voller unaufgelöster Emotionen, dann strahlst du schwarze Energie aus. Nur Menschen mit ähnlicher Aura werden sich in deiner Nähe wohl fühlen. Übermäßiger Alkoholgenuß, Zigaretten und Drogen verschmutzen deine Aura. Niedere astrale Wesen werden sich frohlockend um dich drängen oder in dir hausen, weil ihre Schwingungen den deinen entsprechen. Ein solches astrales Wesen würde sich in einer reinen Aura unwohl fühlen und bald verschwinden. Fluchst du, sagst oder denkst du unangenehme Dinge über andere, beharrst du darauf zu verletzen, empfindest du Schuldgefühle oder Wut, bist du rachsüchtig, sorgenvoll und ängstlich, betätigst du dich körperlich nicht genug, lebst du in physischem Schmutz oder in Unordnung, ißt du ungesunde Nahrung und bist überarbeitet, so braucht deine Aura in all diesen Fällen Reinigung.

Willst du den spirituellen Weg gehen, dann ist es zwingend, die Aura zu reinigen, damit sie klar, wohlriechend und hell ist und schöne Farben ausstrahlt. Dann wirst du von Menschen mit ähnlich hohen Schwingungen umgeben sein. Bist du rein und leicht, dann werden Engel und die höherentwickelten spirituellen Führer von dir angezogen.

*Schritte zur Reinigung:*

- Achte auf deine Gedanken und Worte.
- Handle stets integer.
- Umgib dich mit reinen Menschen.

- Schreibe deine Schuld, Verletztheit und Wut auf, und verbrenne sie.
- Vergib dir selbst und jedem anderen alles.
- Kämme deine Aura physisch mit deinen Fingern aus.
- Treibe regelmäßig Sport, vorzugsweise im Grünen oder am Meer.
- Bitte die Engel und die Aufgestiegenen Meister, dich zu reinigen.
- Umgib dich mit der Violetten Flamme und bitte dein höheres Selbst, deinen Tag zu reinigen, indem es eine Schneise der Violetten Flamme auf dem Weg vor dir her schlägt.
- Bevor du am Abend zu Bett gehst, bitte darum, die Kammer des Erzengels Gabriel auf dem Berg Shasta zur Reinigung besuchen zu dürfen.

*Zur Reinigung deines Heims:*

- Reinige dein persönliches Zimmer und räume es auf.
- Öffne die Fenster, um reine Luft hereinzulassen.
- Sieh nicht soviel fern, und zieh die Elektrostecker heraus, wenn sie nicht gebraucht werden.
- Pflanzen, vor allem Farne und Kletterpflanzen, wandeln schwere psychische Energie um.
- Fülle dein Heim mit spirituellen Büchern, Bildern und Farben.
- Singe oder chante sakrale Musik.
- Reinige jeden Raum durch Räucherstäbchen.
- Meditiere und rufe die Engel und höheren Wesen in dein Heim. Dann wird dein Heim ein goldenes Licht ausstrahlen und zu einem Hafen der Liebe werden.

Es ist Zeit, daß unser Planet gereinigt wird, so daß er aufsteigen kann. Die Ley-Linien, die in atlantischer Zeit als ein Energievermittlungssystem um die Erde gelegt wurden, sind Träger einer dreidimensionalen Schwingung. Sie sind wie ein elektrisches Gitternetz, das unter der Oberfläche der Erde verlegt wurde. Einige Linien sind unterbrochen, andere wurden von schwarzen Energien übernommen, und einige wenige blieben rein und intakt. Diese alten Linien müssen repariert und gereinigt werden. Daher solltest du dir beim Meditieren die Ley-Linien des Planeten heil und glühend vorstellen. Dieses alte Energiesystem ist zwar heute zunehmend überholt; dennoch ist es wichtig für diejenigen, die sich noch nicht auf die höhere Frequenz eingestimmt haben.

Das neue Netzwerk, das eine fünfdimensionale Frequenz transportiert, wird zur Zeit um die Erde gelegt. Da diese neuen Linien einen hochfrequenten Strom befördern, bedarf es Menschen mit hohen spirituellen Zielsetzungen und Absichten, um sich auf sie zu konzentrieren und über sie die Energie von Frieden, Licht und Inspiration weiterzuleiten.

Die Farbe des fünfdimensionalen Herz-Chakras, also des spirituellen Energiezentrums im Herzen, ist reines Weiß. Dies ist das Zentrum des Christusbewußtseins – also reine, bedingungslose Liebe, Einssein. Ich war fasziniert, als ich angeleitet wurde, Menschen aufzufordern, überall und zu jeder Zeit damit anzufangen, Säulen weißen Lichts zu errichten. Dieses Licht muß von Gott angefordert werden, weil die Welt es braucht, jetzt von Licht erfüllt zu werden. Die Lichtsäule wird bleiben, auch wenn du diesen Ort verläßt.

*Zur Reinigung des Planeten:*
Visualisiere, wie Licht und Liebe über das Netz der Ley-Linien unter der Erdoberfläche fließen.

Visualisiere, wie hochfrequentes Licht und Liebe durch das neue Netz von Leitungen über der Erdoberfläche fließen.

Schließe die Augen, und bitte darum, daß eine Säule weißen Lichts von Gott zu dir herunterkommt – durch das Universum und durch dich hindurch ins Zentrum der Erde. Visualisiere, wie die Säule sich ausweitet, und bitte darum, daß alles, was sie berührt, vom Heiligen Geist erfüllt und beschützt wird. Tu dies im Gedanken daran, daß du die Welt mit dem Licht Christi erfüllst, im Wissen, daß du den Planeten für die Ankunft des Christusbewußtseins vorbereitest.

*Eine reine Aura*
*verleiht totalen Schutz*
*und zieht Engel an dich heran.*

# Kapitel 30
# Das Gesetz der Perspektive

*Das Bewußtsein der Person, die eine Erfahrung macht,*
*bestimmt die Qualität der Erfahrung.*

Zeit verläuft nicht linear. Dein mentaler Zustand verändert deine Wahrnehmung von Zeit. Bist du unglücklich oder gelangweilt, dann verlangsamt sich die Zeit. Hast du Angst, dann steht sie still. Fühlst du dich glücklich, erregt und interessiert, dann fliegt die Zeit dahin. Fahre ich zu irgendeinem unbekannten Ziel, so scheint die Fahrt länger zu dauern, als wenn ich den Weg bereits kenne und entspannt bin.

Je niedriger unsere Frequenz, desto langsamer unsere Wahrnehmung der Zeit. Wer mit Tätigkeiten hoher Schwingung befaßt ist, findet, daß die Zeit schnell vergeht. Man sagt mir, die Zeit habe sich auf unserem Planeten um ein Drittel beschleunigt, als Ergebnis der Bewußtseinserweiterung, die bereits stattgefunden hat.

Zeit kann transzendiert werden. Menschen mit bestimmten medialen Kräften können sich in frühere Leben oder in zukünftige Zeiten versetzen. Versetzt ein Medium sich in die Zukunft einer anderen Person, dann versetzt es sich natürlich in eine *mögliche* Zukunft. Vor uns liegen stets mehrere Möglichkeiten, je nach der (freien) Wahl, die wir treffen. Der Hellseher sieht nur Wahrscheinlichkeiten. Verschiedene Medien werden sich auf verschiedene Zeiten deiner Zukunft einschwingen. Jeder mag dir etwas anderes voraussagen, und jeder mag das Richtige sagen für den Zeitraum, zu dem er Zugang gefunden hat. Was ein Medium jeweils auffängt, wird auch von seiner Bewußtseinsebene abhängen. Findet ein Medium Zugang zu deiner Akte in der Akasha-Chronik, so wird es einen Blick auf die Entscheidungen deiner Seele werfen und in der Lage sein, dir eine genauere Einschätzung deiner möglichen Zukunft zu geben.

In Träumen begeben wir uns oft in eine andere Zeitrealität. Eine Dame erzählte mir, sie habe, als sie sich verlobte, geträumt, sie gehe bei der Trauung allein durch das Kirchenschiff. Ihre bereits verstorbene Großmutter und ihr Vater beobachteten sie von oben. Sechs Wochen vor der Trauung starb ihr Vater plötzlich. Ihre Seele hatte ihr im Traum eine Information aus ihrer Zukunft gegeben.

Auch die Größenwahrnehmung hängt von unserem Bewußtsein ab. Als Kinder erscheinen Häuser und Menschen uns viel größer als einem Erwachsenen. Die meisten Menschen haben es erlebt, daß sie zu einem Lieblingsort ihrer Kindheit zurückgingen und ihn viel kleiner fanden, als sie es erwartet hatten. Einem unerfahrenen Bergsteiger erscheint ein Berg größer als einem erfahrenen.

Ein Problem, das in der Nacht riesig und unüberwindlich scheint, erscheint am Morgen durchaus lösbar. Die Herausforderung ist dieselbe, nur die Perspektive hat sich verändert.

Wir nehmen Materie als flüssig, fest oder gasförmig wahr. In Wirklichkeit bewegen sich all ihre Atome und Moleküle auf verschiedenen Ebenen von Dichte umeinander, und was wir sehen, hängt von unserer Wahrnehmung ab. Schönheit liegt im Auge des Betrachters.

Eine medial begabte Person, die Feen, Elfen und sonstige

Geistwesen sieht, nimmt eine umfassendere Version des Universums wahr als jemand, dessen Drittes Auge geschlossen ist. Jemand, der von negativen Wesen heimgesucht wird, sieht die Welt ganz anders als jemand, der in Kontakt mit Engeln und spirituellen Führern steht. Die Person, die eine Begegnung mit einem Außerirdischen hat oder andere Galaxien besucht, wird ein in anderer Richtung erweitertes Bewußtsein haben. Jeder hat recht in seiner Realität: »Verrückte« haben einfach nur Zugang gefunden zu einer anderen Realität als der, die auf der Erde als normal empfunden wird.

Je nach deiner Bewußtseinsebene wirst du deine Herausforderungen unterschiedlich bewältigen. Ein Beispiel: Du fährst besonnen, als ein junger Raser dich schneidet und deinen Wagen zerkratzt. Wie reagierst du?

Bist du ein dreidimensionales Wesen, das auf irdischen Pfaden wandelt, dann wirst du wahrscheinlich fluchen und ihn kritisieren. Vielleicht steigst du auch aus, beschimpfst oder schlägst ihn.

Ein vierdimensionales Wesen auf dem Pfad des Nichtanhaftens wird denken: »Nun ja, das war mein Karma. Ich habe es offensichtlich auf mich gezogen, und es ist ja nur eine winzige Schramme. Es lohnt nicht, sich deswegen aufzuregen.«

Das fünfdimensionale Wesen auf dem spirituellen Pfad bedingungsloser Liebe, also dem Christuspfad, steigt aus ohne einen Gedanken an die Beschädigung des eigenen Wagens. Es ist voller Mitgefühl für den jungen Mann und möchte sich überzeugen, daß es ihm gutgeht. Es hält den jungen Mann im Licht.

Bringt eine Klientin deinen Terminplan durcheinander und erscheint dann doch nicht zum verabredeten Termin, dann wirst du entsprechend deiner Perspektive reagieren.

Das dreidimensionale Wesen wird wütend sein, sich geringgeschätzt fühlen und verärgert sein, wenn die Klientin schließlich auftaucht.

Das vierdimensionale Wesen wird die Sache entspannt

sehen, wenn es angebracht ist, eine Rechnung schicken und die Angelegenheit als erledigt betrachten.

Das fünfdimensionale Wesen wird anrufen, um zu fragen, ob es der Klientin gutgeht, und wird freundlich mit ihr sprechen. Es wird der Klientin mental danken, daß sie ihm etwas Freizeit verschafft hat, um einen Spaziergang zu genießen oder andere Arbeit zu erledigen.

Zwei Personen werden angegriffen. Die eine kämpft die Sache durch, und nichts kann ihren Kampfgeist hemmen. Eine andere Person mit einer Veranlagung zu Minderwertigkeitsgefühlen glaubt, es sei ihr Fehler, und wird demoralisiert.

Ein Kätzchen wird verletzt. Ein Mensch mit hartem Herzen sieht die lästige Seite und flucht darüber. Ein anderer mit einem mitfühlenden Herzen sieht die Verletzung und kümmert sich darum.

Alles hängt von deiner Perspektive ab. Es gibt keine Verurteilung. Es gibt nur das Bewußtsein, daß jedermann eine andere Realität hat. Verurteilst du jemanden oder etwas, dann ist es an der Zeit, deine Perspektive neu zu ordnen.

Die Menschheit als Ganzes beurteilt Selbstmord aus einer dreidimensionalen Perspektive. Sie verdammt ihn als etwas Schlechtes oder als Schwäche. Auf dem Christuspfad wird er wahrgenommen als Handlung von jemandem, der sich nach mehr Liebe sehnt oder auf den Ruf zur Heimkehr reagiert. Folter kann als Übel wahrgenommen werden oder als ein Verlangen, Mitgefühl zu erlernen. Sex kann als unmoralisch betrachtet werden oder aber als das Verlangen, Liebe auszudrücken. Krieg ist furchtbar oder eine Gelegenheit, Mut und Stärke zu finden. Eine schreckliche Person kann als Bedrohung gesehen werden oder als jemand, der dir eine Lektion beibringt. Jemand, der Druck auf dich ausübt, leistet dir einen Dienst, indem er dich auf ungelöste Gefühle aufmerksam macht. Er erinnert dich an deine eigenen Zweifel.

Jede Person hat einen menschlichen Aspekt, der nur die göttliche Vollkommenheit maskiert. Wir werden so lange immer weiter kämpfen, bis wir die göttliche Flamme in allen Menschen und Dingen sehen. Dann schauen wir aus einer Christus-Perspektive auf alle Dinge.

*Alles ist entsprechend Gottes Gesetzen vollkommen. Nur unsere Wahrnehmung dieser Vollkommenheit ist entstellt. Die Erde ist bekannt als die Ebene der Illusion, weil nichts so ist, wie es zu sein scheint.*

*Sieh alles*
*aus einer Perspektive der Liebe,*
*und du wirst den Pfad des Aufstiegs beschreiten.*

# Kapitel 31
# Das Gesetz der Dankbarkeit

Dankbarkeit ist, von Herzen zu danken. Tust du das, dann fließt Energie aus deinem Herzen und aktiviert gewisse Reaktionen anderer Menschen wie auch des Universums. Ist die Dankbarkeit jedoch nur ein Lippenbekenntnis, oder denkst du nur, du müßtest eigentlich dankbar sein, dann rufen deine Worte und Gedanken nicht dieselbe Reaktion hervor.

Eine Dame erzählte mir, sie sei mit ihrer Tochter Maria nie richtig ausgekommen und Maria sei oft wütend auf sie. Außerdem besitze ihre Tochter nicht viel Geld. Als sie mit ihrer Tochter Maria das Weihnachtsfest verbringen sollte, erwartete sie einige recht schwierige und freudlose Feiertage.

Als sie jedoch am Weihnachtsmorgen eintraf, begrüßte Maria sie warmherzig und gab ihr einen langen Brief zu lesen, den sie an den Rändern mit hübschen Ornamenten verziert hatte, damit er festlich aussah. Maria sagte ihrer Mutter, sie werde ihr einen Kaffee machen, während sie den Brief las.

Die Mutter setzte sich etwas besorgt. Zunächst war sie erstaunt, doch wandelte sich dieses Erstaunen nach und nach zu einem Gefühl der Freude und Verwunderung. In dem Brief gab ihre Tochter der Wertschätzung und Dankbarkeit für alles Ausdruck, was ihre Mutter je für sie getan hatte. Sie hatte den Brief mit kleinen Geschichten und Erinnerungen aus ihrer Kindheit angereichert.

»Ich kann gar nicht beschreiben, was ich beim Lesen des Briefes empfand«, sagte mir die Mutter. »Ich hatte das Gefühl, mein Herz müßte zerspringen. Ich fühlte mich so geliebt und geschätzt. Das war mehr wert als alle Geschenke der Welt. Wir umarmten uns und sprachen zum ersten Mal über viele Dinge. Als ich wieder nach Hause kam, fühlte ich, daß ich meine Tochter so sehr liebte, daß ich ihr etwas schenken wollte. Ich warf einen Blick auf den Auszug meines dicken Bankkontos und schämte mich. Sie hatte so schwere Zeiten hinter sich, und ich war zuvor nie bereit gewesen, ihr etwas zu geben. Ich schrieb ihr einen Scheck mit einem beträchtlichen Betrag aus und schickte ihn ihr mit Liebe.«

Bist du jemandem zutiefst dankbar für etwas, das er getan hat, dann spürt diese Person die Energie des Dankes und empfindet darüber so viel Freude, daß sie dir noch mehr zu geben wünscht. Bezeugst du dem Universum herzlichen Dank für den empfangenen Segen, dann reagiert die göttliche Energie liebevoll dadurch, daß sie dir noch mehr Segen zukommen läßt.

*Von Herzen kommende Dankbarkeit ist ein Schlüssel zur Fülle. Sie erschließt die großen Ressourcen des Universums.*

Abwertung und Kritik, die du übst, führen dich in die Hölle. Sie sind das Gegenteil von Dankbarkeit und Wertschätzung. Hat dir jemand zehn böse Dinge angetan, so wirst du ihn wahrscheinlich kritisieren und verurteilen. Du bist wütend, dein Körper verkrampft sich, der Kopf schmerzt. Das ist die Hölle. Es gibt aber einen Weg aus der Hölle zum Himmel. Erkenne voller Mitgefühl, daß der andere eine Person voller Schmerzen ist. Glückliche Menschen tun nichts Böses. Such nach etwas Gutem in dieser Person, oder denk an etwas Nettes, das sie für dich getan hat. Konzentriere dich ganz darauf, die Person zu würdigen oder dankbar für ihre Tat zu sein. Ihr Verhalten dir gegenüber wird sich vielleicht ändern oder auch nicht, aber du wirst dich wieder gut fühlen. Das ist der Himmel.

Es gilt als altmodisch, den Eltern dafür dankbar zu sein, daß sie dir das Leben geschenkt haben. Viele Menschen denken immer noch, es sei die Schuld ihrer Eltern, daß sie geboren wurden. In Wahrheit hat dein Geist sie sich als Eltern ausgewählt, und sie haben dem entsprochen, indem sie dich in diese Welt brachten und die Umstände und Bedingungen bereitstellten, die deine Seele für diese Erfahrung braucht – wie provokant sie auch sein mögen.

Ich verbrachte einige Wochen in Ammas Ashram in Kerala, Indien. Sie ist als die Umarmende Mutter bekannt, da sie jedem Ankömmling das Darshan, den göttlichen Segen, durch eine Umarmung erteilt. Sie blickt dir in die Augen und flüstert dir Worte der Liebe zu. Göttliche Liebe fließt aus ihr in dein Herzzentrum. Sie ist eine Erleuchtete, ein Avatar, und strahlt absolute Liebe und Toleranz aus. Ich kann aufrichtig sagen, daß ich nie so etwas Wunderbares erlebt habe wie die überwältigende Liebe, mit der sie mich während des Darshan überschüttet hat. Seit sie Erleuchtung erlangte, hat sie ihr Leben dem Verschenken von Darshan gewidmet und hilft, das Leiden der Menschheit zu verringern.

Augenscheinlich hatte sie eine furchtbare Kindheit. Sie war ein unerwünschtes Kind in einer großen Familie. Außerdem war ihre Haut viel dunkler als die ihrer Eltern und Geschwister, so daß sie als Schandfleck der Familie betrachtet wurde. Dazu kam, daß ihre Mutter sie von Geburt an nicht leiden konnte und sich weigerte, sie vor der haßerfüllten Bösartigkeit ihres ältesten Bruders zu beschützen. Sie wurde zur Sklavin der Familie, ging spät zu Bett und stand früh auf, um die Hausarbeiten zu verrichten. Sie mußte ständig Schläge und Spott erdulden, nicht nur von ihrem ältesten Bruder und dessen Freunden, sondern auch von ihren Eltern. Trotz alldem tanzte sie während ihrer ganzen Kindheit und sang Lobpreisungen auf Krishna. Sie sah Gott in allem und rief ständig ihren Geliebten, zu ihr zu kommen.

Eines Tages trat Krishna in sie ein, und sie wurde erleuchtet. Später drang auch die weibliche Gottheit in sie ein, und dadurch wurde sie zu einem voll erleuchteten, allwissenden, allgegenwärtigen Wesen. Bald scharten sich Menschen aus der ganzen Welt um sie, um durch sie göttliche Liebe zu empfangen, und man baute einen gewaltigen Tempel für sie.

Ich fragte eine ihrer Anhängerinnen, was Amma heute von ihren Eltern hält. Man sagte mir, sie betrachte sie als ihre größten Gurus. An Festtagen sitzen sie zu ihrer Rechten. Ohne die schweren Herausforderungen, vor die ihre Eltern sie in der Kindheit gestellt hatten, wäre sie nie erleuchtet worden, sagt sie. Sie ist ihnen ewig dankbar.

In Therapiegruppen und solchen zur persönlichen Entwicklung sind die Teilnehmer oft mit den Schwierigkeiten beschäftigt, die sie in ihrer Kindheit hatten. Sie haben die Tendenz, sich auf die negativen Aspekte ihrer Eltern zu konzentrieren. Natürlich ist im Heilungsprozeß dafür Platz, doch heilen Wertschätzung und Dankbarkeit ebenfalls.

Ich erinnere mich gut an eine von mir geleitete Gruppe. Nach einer recht schweren Sitzung forderte ich die Teilnehmer auf, an positive Dinge zu denken, die ihre Eltern für sie getan hatten. Einen Augenblick lang herrschte nachdenkliches Schweigen, während ihre Art zu denken die Richtung wechselte. Dann sagte jemand: »Meine Mutter hat mir immer schöne Geburtstagskuchen gebacken.« – »Ja, meine hat das auch getan«, stimmte ein anderer zu. »Ich hatte das ganz vergessen.«

»Mein Vater hat mich an Sonntagen zum Angeln mitgenommen.«

»He, mein Papa hat Fußball mit mir gespielt und mir wirklich Mut zugesprochen.«

»Das hat meiner auch getan«, fielen zwei oder drei ein.

»Meine Ma hat mir Kleider mit Rüschen genäht.«

Und so ging es weiter. Die trübe Atmosphäre lockerte sich, und plötzlich durchdrang eine wunderschöne Lichtenergie den Raum.

In der folgenden Woche waren sich fast alle Teilnehmer darin einig, daß sie sich im Verlauf der Woche um vieles froher, positiver und gesunder gefühlt hatten. Und alle wünschten, mit der Erinnerung an die positiven Dinge fortzufahren und dafür dankbar zu sein. Danach integrierten wir eine Zeit der Wertschätzung und Dankbarkeit als festen Bestandteil in unser Programm. Die Kursteilnehmer meldeten übereinstimmend zurück, daß die inzwischen zum Teil schon betagten Eltern sich ihnen gegenüber viel freundlicher verhielten und ihnen die Wertschätzung und Anerkennung zukommen ließen, die sie ihr Leben lang gesucht hatten.

Barbara kam schon ein Jahr lang zur Gruppe. Sie war verheiratet, hatte drei Kinder und zeigte der Welt stets ein strahlendes und unbeschwertes Gesicht. Darunter jedoch war sie verzweifelt. Sie meinte, sie könne niemals eine gute Beziehung zu ihrer Mutter aufbauen. Woche für Woche verlieh sie ihrem Frust darüber Ausdruck, wie schwierig ihre Mutter sei und wie sehr sie sich danach sehne, ihr näherzukommen.

In der Woche nachdem wir begonnen hatten, nach dem Guten in unseren Eltern Ausschau zu halten und es zu würdigen, erzählte sie mir, sie sei mit ihrer Mutter auf einem Einkaufsbummel gewesen. »Mutter war so nett; ich konnte es kaum glauben. Sie hat mir sogar ein Kleid gekauft.« Sie fuhr damit fort, ihre Mutter zu schätzen und ihr für die kleinen Dinge dankbar zu sein, die sie ihr Leben lang für sie getan hatte. In der folgenden Woche war sie entzückt, daß ihre Mutter sich zum ersten Male überhaupt als Babysitter anbot.

*Wertschätzung ist der Luftzug, der den winzigsten Funken zu einem großen Feuer anfachen kann.*

Würdigst du selbst das kleinste Ding an einer Person oder Situation, dann wächst es. Sobald du etwas würdigst und dafür dankbar bist, konzentrierst du dich ganz darauf, weshalb es nach dem Gesetz der Aufmerksamkeit wächst und sich verstärkt.

Ich hörte eine Geschichte von einem Schüler, der Schularbeiten schwierig fand und mürrisch und introvertiert wurde. Natürlich war er unbeliebt. Seine Lehrer stuften ihn als faul, grob und schwierig ein. Als Folge dieser Beurteilung, Kritik und Abwertung verkümmerten seine Fähigkeiten. Glücklicherweise übernahm eine neue Lehrerin die Klasse, die die Gesetze der Wertschätzung und Dankbarkeit verstand. Sie machte sich daran, etwas Gutes an ihm und seiner Arbeit zu finden. Das war ziemlich schwierig; wenn es jedoch möglich war, etwas zu loben, dann tat sie es, auch wenn es noch so klein war. Nach und nach verschwand der gehetzte Gesichtsausdruck, da er sich sicherer fühlte. Die Lehrerin fand heraus, daß er Pflanzen und Blumen liebte. Die Klasse richtete einen kleinen Blumenkastengarten auf dem Fenstersims ein, und der Junge wurde mit der Pflege betraut. Für diesen Beitrag zum Leben der Klasse wurde er geschätzt und gewürdigt. Er blühte auf und lernte wieder zu lächeln.

---

*Verurteilung und Kritik lassen Pflanzen verkümmern und verkommen. Dankbarkeit ist der Sonnenschein, der es den Knospen erlaubt, aufzugehen und zu blühen.*

---

Wenn wir erkennen, daß Herausforderungen uns geschickt werden, damit sie uns helfen zu wachsen, dann ändern wir unser Verhalten ihnen gegenüber.

Es ist menschlich und verständlich, beim Tod eines Kindes niedergeschmettert zu sein. Ich kann es mir einfach nicht vorstellen, wie man sich dabei fühlt. Ich bin Eltern begegnet, die wütend und bitter sind, daß ihr Kind behindert ist oder gestorben ist. Erleuchtete wissen, daß jedes Kind eine Leihgabe Gottes ist, ein Geschenk der Liebe, das Verantwortung und Herausforderungen mit sich bringt.

Freunde von mir hatten ein schwerbehindertes Kind, das starb, als es zwanzig Monate alt war. Sie betrachteten die Gabe seiner Geburt und seines Todes als eine der größten Segnungen, die sie vom Universum erhalten hatten. Sie glühen heute noch, wenn sie von ihm sprechen. Sein kurzes Leben war voller Schmerzen und Operationen und hat ihr Leben völlig durcheinandergebracht und verändert. Sie sagen, ihr Kind sei ein Engel gewesen, der ihnen geschickt wurde, um sie für den spirituellen Weg zu öffnen, und sie seien ewig dankbar dafür. Sie feiern sein Leben und seinen Tod.

*In jeder Herausforderung steckt das Geschenk einer Lektion. Unsere Aufgabe ist es, die Lektion zu lernen und zu würdigen, was sie uns gelehrt hat.*

Willst du, daß dein Leben glücklicher, gesünder und reicher wird, dann führe ein Tagebuch der Dankbarkeit. Schreib täglich ein paar Dinge auf, für die du dankbar bist. Du wirst herausfinden, daß du in deinem Alltag nach guten Dingen suchst, die aufgezeichnet werden können. Du wirst automatisch positiver und wertschätzender werden. Bevor du zu Bett gehst, stöbere in der Asche des Tages und finde die goldenen Nuggets. Sei dankbar dafür.

*Einstellungen, die das Gesetz der Dankbarkeit aktivieren:*

- Sei positiv und wertschätzend.
- Zähle deine Segnungen.
- Sei freudig. Wenn du vor Glück strahlst, dann würdigst du, was du hast.

- Erinnere dich der guten Dinge an einer Person.
- Konzentriere dich in jeder Situation und bei jeder Person auf das Gute.
- Verschenke großzügig Lob.
- Benutze das Wort »Vielen Dank« aufrichtig.
- Sei liebevoll, fürsorglich und gütig.
- Erkenne deine eigene Großartigkeit an.
- Feiere das Leben und sei glücklich.

*Dankbarkeit bringt dir unzählige Wohltaten.*

*Zähle deine Segnungen*
*und beobachte, wie sie sich vermehren.*

# Kapitel 32
# Das Gesetz der Segnungen

Segnest du jemanden, dann rufst du die göttliche Energie an, ihn zu berühren. Geschieht dies mit ehrlicher Absicht, dann wird ein Strahl göttlichen Lichts auf die von dir gesegnete Person übertragen.

In einigen Religionen legen Priester während des Segens eine Hand auf das Haupt des Gesegneten. Damit aktivieren sie das Scheitel-Chakra, so daß Licht eintreten kann. Das ist ein so kraftvolles und persönliches Geschehen, daß es in vielen Kulturen als ungesittet gilt, das Scheitelzentrum eines anderen zu berühren. Erhebt man die Hand in Richtung der Person, die man segnen will, dann lenkt dies den Segen auf sie.

In Indien nennt man einen Segen Darshan. Es gibt einige Avatare –voll erleuchtete Wesen, die ganz und gar mit Gott verbunden sind –, die denjenigen Darshan geben, die zu ihnen kommen. Sai Baba hat einen Ashram in Puttaparthi, nahe Bangalore in Indien; er ist ein großer Avatar, und schon durch seine Gegenwart überträgt sich ein Segen. Tausende hocken schweigend in seinem Tempel in Erwartung, einen Blick auf ihn werfen zu können. Seine Botschaft ist Pflicht und Hingabe. Wo es angebracht ist, nimmt er seinen Anhängern ihre Bürde ab. Während er Darshan gibt, verläßt eine goldene kosmische Flamme sein Herzzentrum und dringt in deines ein. Verharrst du danach zwanzig Minuten in schweigender Meditation, dann bleibt diese göttliche Energie in dir. Redest du jedoch, oder zerstreust du deine Konzentration auf andere Weise, dann kehrt die kosmische Flamme zu Sai Baba zurück. Beim Besuch seines Tempels solltest du daran denken, denn sobald er den Tempel verläßt, beginnt die Menge zu schwatzen und zum Ausgang zu drängen.

Man sagt, man besuche Sai Baba nicht, wenn er einen nicht gerufen habe. Ich besuchte seinen Ashram erstmals im Jahre 1991. Zuvor war er mir in einigen Träumen und Meditationen erschienen, doch hatte ich eine Zeitlang keinen Kontakt mit seiner Energie. Eines Tages saß ich gerade in der Badewanne, als ich eine Stimme laut und klar sagen hörte: »Komm nach Indien.« Ich wußte, daß es Sai Baba war, und lief, in ein Handtuch gehüllt, nach unten, um in meinem Notizkalender nachzusehen, wann ich fahren konnte. Ich wußte gar nicht, wo in Indien er lebte und wie ich dorthin kommen sollte. Am folgenden Morgen hatte ich eine neue Klientin. Nach einigen Minuten fragte sie mich: »Wollen Sie wissen, wie man zu Sai Baba kommt?« Überrascht sage ich ja. Sie sagte mir, sie habe einfach so ein Gefühl gehabt, daß ich diese Information brauchte, und sie könne mir alles Nötige mitteilen.

Ist die Zeit gekommen, ihn zu besuchen, dann liefert Sai Baba die Mittel dafür. Wenn es auch wunderbar und etwas ganz Besonderes ist, in der Energie des Großen Einen zu sitzen, so braucht man ihn nicht wirklich in seinem physischen Körper zu besuchen. Man kann Sai Baba auch während der Meditation anrufen und ihn um Darshan bitten.

Amma, die Umarmende Mutter, deren Botschaft Liebe und Toleranz ist, strahlt einfach Licht und Mitgefühl aus. Wenn sie Darshan gibt, dann schaut sie dir nach der Umarmung in die Augen und überträgt göttliche Energie direkt in dein Herz. Sie nimmt auch das Leid der ihr ergebenen Gläubigen auf sich. Als ich mich in ihrem Ashram in Kerala aufhielt, hatten viele Leute, darunter alle Ashram-Ärzte, entzündete Augen. Eines Tages beschloß sie, die Schmerzen aller Infizierten mit ihrem Körper auf sich zu nehmen. Ich erhielt Darshan von ihr in den frühen Morgenstunden, nachdem sie acht Stunden lang ununterbrochen individuellen Segen gespendet hatte. Ihre Augen waren entzündet und feuerrot. Sie muß sehr gelitten haben, als sie all diese Schmerzen auf sich nahm. Doch war ihr Lächeln strahlend und schön, als sei ich die erste Person, die sie umarmte. Manchmal saßen wir stundenlang mit gekreuzten Beinen auf dem Boden des Haupttempels und warteten, bis wir an der Reihe waren, Darshan zu empfangen. Nach einiger Zeit fühlte mein schmerzender Rücken sich an, als würde er zerbrechen, doch hielt ich aus wie alle anderen auch. Nach dem Segen war es uns oft gestattet, hinter ihr zu sitzen. Wann immer ich dort innerhalb ihrer Aura saß, spürte ich meinen Rücken überhaupt nicht. Alle Wehwehchen, Schmerzen und Gefühle von Steifheit waren wie weggeblasen. Jeder, mit dem ich sprach, empfand dasselbe.

Mutter Meera ist ein dritter indischer Avatar. Sie lebt in Deutschland und erteilt Darshan von ihrem Heim aus. Meinem Verständnis nach ist der Zweck ihres dortigen Aufenthaltes, die Nürnberg-Linie zu heilen und die dunkle Energie aufzulösen, die von den Kriegen übriggeblieben ist, sowie durch ihr Darshan Licht zu verbreiten. Es kommen Menschen aus der ganzen Welt zu ihr, um ihren stillen Segen zu empfangen, den sie viermal in der Woche erteilt. Man betritt den Hauptraum ihres Hauses und wartet schweigend darauf, daß sie ins Zimmer kommt. Nacheinander steht jede Person auf und kniet zu ihren Füßen nieder. Sie legt ihre Hand auf dein Haupt, und während sie das tut, löst sie deine karmischen Knoten auf, die sich in der Aura rund um deinen Rücken befinden. Gewöhnlich wandelt sie zwischen 25 und 50 Prozent deines Karmas um. Dann schaut sie dir in die Augen und nickt mehrmals. Jedes Nicken sendet göttliche Energie in dich hinein. Abschließend kehrst du zu deinem

Platz zurück und meditierst, um die göttliche Energie in dich aufzunehmen. Man kann keinen Segen von einem Avatar empfangen, ohne bis in den tiefsten Kern seines Wesens verwandelt zu werden.

Segnest du deine Nahrung und bedankst dich für sie, dann wird sie mit göttlicher Energie gefüllt. Man kann die Energie der Nahrung durch Kirlianfotografie sichtbar machen. Viele Nahrungsmittel, die wir zu uns nehmen, sind tot – durch Bestrahlung, Chemikalien, lange Lagerung und schlechtes Kochen. Wird diese Nahrung gesegnet, dann strahlt sie wieder Lebenskraft und Vitalität aus. Iß frische organische Nahrung, wann immer es möglich ist. Wo das nicht möglich ist, kann das Segnen der Nahrung und die Bitte an die Gottheit, sie mit all den Nährstoffen zu versehen, die du für eine optimale Gesundheit brauchst, dir auf physischer wie auch spiritueller Ebene helfen. Nichts ist wundervoller, als Nahrung zu sich zu nehmen, bei deren Zubereitung und Kochen Mantras gesungen wurden – denn die Nahrung ist gesegnet.

Man segnet jemanden, der niest, so daß göttliche Energie in ihn eintreten kann und er gesundet.

Segne deine Arbeit, und sie wird zunehmen und mit Freude erfüllt werden.

Segne die Menschen deiner Umgebung, und sie werden glücklich und erfüllt sein.

Segne deine Pflanzen, und sie werden üppig gedeihen.

Segne dein Haus, und es wird ein Ort des Friedens sein.

Segne deinen Körper, und er wird zu einem schönen Tempel für deinen Geist werden.

*Hier einige Beispiele von Segnungen, die du aussprechen kannst, um dein Leben zu ändern:*

- Ich bin gesegnet, daß ich in einem so schönen Körper lebe.
- Ich bin gesegnet, weil ich von Menschen umgeben bin, die mich lieben.

- Ich bin gesegnet, weil ich ein so friedliches Heim besitze.

*Man kann auch um Segen bitten:*

- Segne meine Hände, damit sie dir dienen können.
- Segne meine Arbeit, auf daß sie für das höchste Gute getan wird.
- Segne meine Beziehungen, so daß sie mit Liebe erfüllt werden.
- Segne meinen Partner, so daß wir einander lieben und unterstützen.
- Segne meine Kinder, beschütze und lenke sie.
- Segne unser Heim, so daß es stets mit Frieden und Liebe erfüllt sei.

Möge das Göttliche in mir dich segnen. Möge ich Segen vom Göttlichen in dir empfangen.

*Segne alle Menschen*
*und fülle sie mit göttlicher Energie,*
*und du wirst offen sein*
*für die Segnungen des Universums.*

# Kapitel 33
# Das Gesetz der Verfügung

Man stelle sich eine ausziehbare Leiter vor, die an der Wand eines Wolkenkratzers lehnt. Beginnst du, die unteren Sprossen zu erklimmen, so siehst du den Boden, während Dach und Himmel sehr weit weg zu sein scheinen. Auf den unteren Sprossen der Jüngerschaft beten wir zu Gott als Bittsteller, er möge uns geben, was wir brauchen. Engel sind die Vermittler, die die Energie unserer Bitte zur Gottheit tragen.

Menschen mit einem rein materiellen Verständnis klettern auf diesen unteren Sprossen. Sie glauben nur, was sie sehen, hören oder fühlen, und denken, sie seien von anderen getrennt oder ihnen sogar überlegen. Auf dieser Ebene halten wir nach Führung von außen Ausschau und haben nur eine begrenzte Vorstellung von der riesigen Ausdehnung des Universums und unserem Platz darin. Man bezeichnet dies als Leben in der dritten Dimension.

Auf diesem unteren Teil der Leiter arbeiten wir mit Affirmationen, die uns, wenn wir sie andauernd wiederholen, dabei helfen, unbewußt genährte Anschauungen zu verändern. Wo immer wir uns auf der aufsteigenden Leiter befinden – Gebete und Affirmationen sind immer positive und wertvolle Hilfen auf unserer Reise. Auf höheren Sprossen der Leiter haben wir mehr Möglichkeiten.

Wenn wir erkennen, daß wir zuerst spirituelle Wesen sind, dann werden materielle Antriebe weniger wichtig. Wir werden vertrauensvoller und wünschen, mit anderen Menschen zusammenzuarbeiten. Wir halten nicht mehr nach Führung von außen Ausschau, sondern folgen unserer inneren Weisheit. Das gewährt uns Zugang zur vierten Dimension und erlaubt uns, auf den nächsten Teil der Leiter zu klettern. Unsere Sicht des Universums hat sich erheblich geweitet.

Zu dem Zeitpunkt, an dem wir den höchsten Punkt der vierten Dimension erreichen und uns auf die Einweisung für den Aufstieg in die fünfte Dimension vorbereiten, werden wir Meister. Das bedeutet, daß wir die Verantwortung dafür übernehmen, unsere Realität selbst schaffen. Wir akzeptieren, daß wir Herren unseres eigenen Geschicks sind. Deshalb sind wir Befehlshaber. Wir sind Mitschöpfer mit dem Göttlichen. Je höher wir in die Meisterschaft aufsteigen, desto stärker weitet sich unsere Vision von der Schöpfung aus.

Ganz oben auf der Leiter werden wir unerhört mächtig.

Natürlich müssen wir die damit verbundene Verantwortung akzeptieren. Wir sind nicht länger Matrosen oder sogar Kapitäne; wir sind Flottenkommandeure: Wir treffen Entscheidungen und erlassen Verfügungen, denen jeder gehorcht. Diese *Möglichkeit* steht heute jedermann offen, und viele akzeptieren die totale Meisterschaft über ihr Leben.

Du weißt, daß du ein Meister bist, wenn du nicht mehr jemanden oder etwas für deine Umstände verantwortlich machst. Auf spiritueller Ebene kommunizieren wir mit der spirituellen Hierarchie des Lichts, bewußt oder unbewußt, und entscheiden, was wir mit dem Göttlichen gemeinsam erschaffen. Eine Verfügung befiehlt dem Universum, unseren Anordnungen zu folgen. Da wir Befehlshaber der Flotte sind, wird jedermann und jedes Ding in Gang gebracht, um unsere Befehle zu befolgen.

*Erläßt du eine Verfügung, dann wird das Universum aktiv, um deinem Befehl nachzukommen.*

Kommandiert ein einfacher Matrose das Schiff ohne ausreichende Übersicht und Klugheit, dann kann daraus Chaos entstehen. Und wenn wir eine Verfügung ohne Vorbereitung erlassen, dann sind wir vielleicht nicht auf die Ergebnisse vorbereitet. Eine Verfügung muß selbstverständlich mit höchster Integrität zum höchsten Guten von jedermann erlassen werden.

Tu es in Bescheidenheit, im Wissen, daß du im Dienst des ganzen Planeten stehst. Kommandiere mit Autorität und mit Klarheit. Steh mit erhobenem Haupt und zurückgenommenen Schultern, und sprich deine Verfügung laut aus.

Gute Vorstandsvorsitzende konsultieren andere und führen Hintergrundrecherchen durch, bevor sie ihr Unternehmen in eine neue Richtung führen. Bevor du etwas endgültig verfügst, höre auf deine innere Stimme und, wenn notwendig, auch auf Anleitung von außen. Dein erster Schritt besteht in der sehr sorgfältigen Entscheidung, was deine Verfügung enthalten soll. Schreib sie nieder, studiere sie von allen Seiten, versichere dich, daß sie sehr positiv und sehr klar ist. Falls notwendig, konsultiere Menschen, denen du traust, um ein Feedback über etwaige Mängel zu erhalten.

*Hier eine Formel für den Wortlaut einer Verfügung:*
»Im Namen Gottes und von allem, was Licht ist, verfüge ich ...«; wiederhole dies dreimal, und dann ende mit den Worten »Es ist getan« oder »So sei es«.

Da wir nicht das Gesamtbild kennen, solange wir in einem menschlichen Körper stecken, ist es hilfreich hinzuzufügen »nach dem Gesetz der Gnade« oder »im Namen der Gnade«. Das erlaubt es dem Universum, etwas anderes in Gang zu setzen, sollte es einen Faktor geben, den wir übersehen haben.

Der Erlaß würde dann lauten: »Im Namen Gottes, namens seiner Gnade, verfüge ich, daß ... So sei es.« Wiederhole dies dreimal.

Nach Erlaß deiner Verfügung achte wie jeder andere Direktor auf die Ergebnisse, und ergreife alle sich dir bietenden Möglichkeiten zur Aktivierung deines Plans.

Da eine Verfügung die Macht hat, unser Leben zu verändern, ist eine Verfügung zu erlassen etwas unerhört Aufregendes. Es ist nichts, das man leichtnehmen sollte. Ich habe Menschen gekannt, die verfügten, in ihr Leben solle die perfekte Beziehung Einzug halten. Das führt manchmal zu Tumulten und Schwierigkeiten. Alles, was sie daran hindert, eine perfekte Beziehung zu haben, stellt sich ihnen in den Weg. Mit all dem muß man es aufnehmen, all das muß geklärt werden.

Ich leitete einen Aufstiegsworkshop, in dem eine Teilnehmerin verfügen wollte, daß ein Partner in ihr Leben treten sollte, der sie liebt und respektiert. Ich erinnerte sie daran, daß das Äußere ein Spiegelbild des Inneren ist, und regte an, sie solle verfügen, daß sie sich selbst liebe und respektiere. Sobald sie diese Verfügung erlassen hatte, kam es dazu, daß sie einen Therapeuten konsultierte, der ihr behilflich war, die Anschauungen und Emotionen zu klären, die sie daran hinderten, sich selbst zu lieben und zu achten. Im Verlauf der folgenden Monate tauchten verschiedene Männer in ihrem Leben auf, in denen sich ihre geänderten Anschauungen widerspiegelten. Sie arbeitete weitere zwei Jahre an sich selbst, bis sie sich wirklich selbst liebte und respektierte. Dann trat natürlich der Mann in ihr Leben, um dessentwillen sie die Verfügung erlassen hatte.

Es ist hilfreich, Eigenschaften zu verfügen, die wir gern in unserem Leben hätten – aber wir sollten es immer mit Vorsicht tun. Verfügst du Demut, dann mußt du vielleicht

Demütigung erleiden, um diese Eigenschaft zu erwerben. Verfügst du Geduld, dann werden dir Lektionen in Geduld zuteil. Verfügst du bedingungslose Liebe, dann werden dir Situationen gesandt, um dich zu prüfen. Insgesamt jedoch können Verfügungen für dich ein schneller Weg sein, um die Eigenschaft zu erwerben, die du in deinem Leben erweitern möchtest. Wir können mehr Licht auf Erden verfügen. Wären genug Menschen bereit, solche Verfügungen zu treffen, so würde das dazu beitragen, eine glücklichere Welt zu schaffen.

Wir können Verfügungen erlassen für mehr Brüderlichkeit und Schwesterlichkeit der Menschheit, um die Völker der Erde zusammenzubringen. Wenn Menschen mit Integrität und hohen spirituellen Werten beginnen, Verfügungen für das höchste Gute von allem und jedem auf Erden zu treffen, dann wird der Aufstieg des Planeten und des Einzelnen schneller stattfinden. Die Macht dazu liegt in uns.

*Hier einige Beispiele für solche Verfügungen:*

- »Durch göttliche Verfügung, im Namen Gottes, seiner Gnade, rufe ich die Violette Flamme an, jetzt alle von mir erzeugten negativen Gedanken, Verhaltensmuster, Anschauungen, Bedingungen, Anhaftungen oder Bündnisse umzuwandeln. So sei es.« Wiederhole dies dreimal.
- »Im Namen Gottes und von allem, was Licht ist, verfüge ich, daß alle in früheren oder dem jetzigen Leben ausgesprochenen Gelübde, die nicht dem göttlichen Plan auf Erden dienen, widerrufen und aufgelöst werden. So sei es.« Wiederhole das dreimal.
- »Durch göttliche Verfügung, im Namen Gottes, rufe ich jetzt eine reine weiße Säule von Christuslicht dazu auf, die bedingungslose Liebe des Christusbewußtseins zur Erde zu bringen. So sei es.« Wiederhole das dreimal.

Affirmationen und Gebete werden wiederholt. Eine Verfügung wird nur einmal ausgesprochen.

*Sprichst du eine Verfügung aus,*
*dann wird die Macht des Universums*
*darauf ausgerichtet.*

# Kapitel 34
# Das Gesetz des Glaubens

Der Glaube ist eine Qualität von so hoher Frequenz, daß sie die niederen Gesetze transzendiert und das Unmögliche möglich macht. Der Glaube ermöglicht Wunder. Heilung durch Glauben zieht Gott hinzu. Der Glaube ist wie ein unerschütterlicher Felsen. Er bleibt standhaft bei Regen, Hagel und Erdrutschen. Dementsprechend verleiht er große Kraft.

Das Gesetz des Glaubens sieht so aus: Glaubst du felsenfest an ein Ergebnis, so wird es zustande kommen. In dem Maße, in dem man zweifelt, läßt man die Möglichkeit eines Fehlschlags zu. Hat man absolutes, unbedingtes, totales Vertrauen ins Göttliche, dann weiß man: Was immer zum höchsten Guten ist, das wird geschehen. Der Glaube nimmt die Angst.

Eine junge Frau erzählte mir, sie sei in einen furchtbaren Autounfall verwickelt gewesen. Als der Wagen sich immer wieder überschlug, schrie sie in Gedanken: »Werde ich jetzt sterben?« Da erschien ihr ein Engel. Sein Licht hüllte sie ein, und sie wußte, alles würde gutgehen. Es spielte keine Rolle, ob sie lebte oder starb. Alles war in Ordnung.

Wie oben, so unten. Ich beobachtete ein freudig lachendes Kind, das sich von einer Mauer in die Arme seines Vaters stürzte. Es hatte absoluten, unbedingten, totalen Glauben, daß der Vater es auffangen und sicher in den Armen halten werde. Natürlich fing der Vater es auf, und das Band des Vertrauens, das sich gebildet hatte, wurde vertieft. Haben wir unschuldigen Glauben an das Göttliche, dann werden wir aufgefangen und in Sicherheit bewahrt. Glauben heißt, daß man ständig auf die innere Führung und Intuition lauscht. Blinder Glaube ist etwas anderes: Er impliziert, daß man sein Vertrauen schenkt, ohne eine Grundlage dafür zu haben.

Man hat mir von einem Kind berichtet, dessen Vater ihm sagte, es solle von einer Mauer springen und er würde es auffangen. Das Kind sprang, und der Vater ließ es fallen, wobei es sich verletzte. Der Vater wandte sich dem Kind zu und sagte: »Das wird dich lehren, niemals jemandem zu vertrauen.«

Diese Geschichte läßt mich erschauern, wann immer ich an sie denke. Dabei geht es hier nicht um die Befleckung von Unschuld oder den Mangel an Vertrauen. Ich stelle mir vor, daß Eltern, die so etwas tun, sich schon mehrfach unzuverlässig gezeigt haben müssen. Das Vertrauen des Kindes ist vermutlich schon öfters verletzt worden. Zweifellos *hoffte* das Kind, sein Vater werde es auffangen, mit nur geringer Grundlage für diese Hoffnung. Hätte das Kind jedoch totalen *Glauben* an ihn gehabt, dann hätte der Vater nach dem spirituellen Gesetz darauf reagiert und es aufgefangen.

Bauen wir ein Haus auf einem unsicheren Fundament, dann werden wir stets ein Gefühl von Ungewißheit und Zweifel hinsichtlich der Sicherheit haben. Treten dann Risse auf, so kann uns das paranoid machen, weil wir fürchten, sie könnten einen Einsturz ankündigen. Ein Haus auf festem Fundament bringt uns keine solch tiefgreifenden Unsicherheiten. Man weiß, daß vielleicht kleinere Dinge in Ordnung gebracht werden müssen, doch ist das Wesentliche am Haus stabil. Selbstvertrauen heißt, an sich selbst zu glauben. Hat man ein Fundament von Selbstachtung und Selbstwertgefühl, dann wird man eine entspannte Person sein, mit der andere gut umgehen können. Niemand kann dich unterminieren, weil du deinen eigenen Fähigkeiten traust und andere dir intuitiv vertrauen werden.

In einer Beziehung nennen wir das Vertrauen Treue. Jede Partnerschaft hat unterschiedliche Grundregeln in bezug auf Geld, Sex und andere Aspekte. Hast du totales Vertrauen, daß dein Partner diese achten wird, dann wirst du dich in dieser Beziehung sicher fühlen. Auch Freundschaft hat ihre Grundregeln. Kannst du über einen intimen Teil von dir selbst sprechen und hast totales Vertrauen, daß dein Freund nicht über dich lachen oder schwatzen wird, dann hast du ein solides Fundament des Glaubens.

Glaube ist die Grundlage von Erfolg, Manifestation, Gebet und Verfügung. Glaubst du an eine Vision, dann muß sie Erfolg haben. Hast du nicht genug Glauben, dann bitte jemand anderen, deine Vision für dich aufrechtzuerhalten. Sein Glaube wird den Erfolg sichern.

Ich hörte einen stolzen Vater über seinen erfolgreichen Sohn sagen: »Ich habe stets gewußt, daß er Erfolg haben wird. Ich hatte totalen Glauben an ihn.«

Und der Sohn sagte: »In schwierigen Zeiten konnte ich die Stimme meines Vaters hören und wußte, daß er an mich glaubte. Das gab mir die Stärke weiterzumachen.«

*Der Glaube versetzt Berge. Er ist die größte Macht, die es gibt. Sagt deine Intuition dir, daß eine Sache recht ist, und hältst du am Glauben an deine Vision fest, dann mußt du Erfolg haben.*

*Das Göttliche*
*glaubt an dich.*

# Kapitel 35
# Das Gesetz der Gnade

*Gnade ist eine göttliche Gewährung von Barmherzigkeit.*
*Sie löst Karma auf und läßt Wunder geschehen.*
*Sie kann Materie umwandeln.*

Der Schöpfer strahlt Energie von so hoher Frequenz aus, daß das all unser Begreifen überschreitet. Gott kann Schmerzen, Krankheit, Elend, Hungersnot und Krieg beenden. Doch welchen Nutzen hätte das? Unsere Seele hat die Chance akzeptiert, auf diesem Planeten inkarniert zu werden, um etwas zu lernen und Emotionen sowie einen physischen Körper zu erfahren. Gott hat uns den freien Willen geschenkt, unser eigenes Leben an einem Ort zu schaffen, an dem sich jeder Gedanke, jedes Wort und jede Handlung manifestiert.

*Bis zum gegenwärtigen Zeitpunkt haben wir auf Erden uns entschieden, Hungersnöte, Krankheiten und Kriege zu erschaffen. Wir können dies ändern, indem wir Gnade empfangen und gewähren.*

Wir können Gnade erbitten, um unsere Schuld zu verwandeln, emotionale Gefühle zu verändern, Beziehungen und den physischen Körper zu heilen. Wir müssen jedoch bereit sein, sie zu empfangen. Wir haben alle unsere Situationen mit unserem Bewußtsein geschaffen und müssen die Lektion lernen, bevor wir um Gnade ersuchen.

Wir sind privilegiert, zu einer Zeit auf Erden zu leben, in der große Avatare in körperlicher Gestalt leben. Avatare sind göttliche Inkarnationen. Sie sind unverdünnte göttliche Energie, allwissende und allmächtige Wesen. Sie haben die Macht, durch Gnade zu heilen. Doch müssen sie die spirituellen Gesetze beachten. Sie werden keine Heilung schenken, ehe die betreffende Person nicht ihre Lektion gelernt hat.

Es gibt eine Geschichte über Sai Baba, von dem viele glauben, er sei der bedeutendste der gegenwärtig verkörperten Avatare. Eine Mutter brachte ihren Sohn zu seinem Ashram. Der junge Mann war behindert und saß in einem Rollstuhl. Jemand fragte Sai Baba, warum er den Mann nicht heile. Daraufhin zeigte dieser ihm ein Bild aus einem früheren Leben, in dem der behinderte Mann ein sehr grausamer Richter und seine Mutter seine Assistentin gewesen waren. Beide erließen unglaublich harte Urteile. Sai Baba sagte, sie hätten ihre Lektion noch nicht gelernt. Er fügte hinzu, durch die Fürsorge für ihren behinderten Sohn lerne die Mutter Mitgefühl. Der junge Mann erfahre nun etwas von dem Leid, das er so herzlos anderen zugefügt hatte, und er lerne, Liebe zu empfangen. Würde er den Mann jetzt heilen, dann würde keiner von beiden seine Lektion lernen, und beide würden weiterhin grausam bleiben.

Wir können anderen Gnade erweisen durch Mitgefühl, Barmherzigkeit, Einfühlungsvermögen, Vergebung und bedingungslose Liebe. Wann immer wir einander unser Herz öffnen, erhalten auch wir einen Zustrom göttlicher Liebe. Je mehr Gnade wir gewähren, desto mehr davon empfangen wir unsererseits.

*Mitgefühl, Einfühlungsvermögen, Barmherzigkeit, bedingungslose Liebe und Vergebung sind göttliche Eigenschaften, die Gnade verleihen.*

Jedesmal, wenn man sein Herz voller Mitgefühl öffnet, gewährt die daraus hervorquellende Liebe jemand anderem Gnade. Daraus kann sich ein Wandel des Verhaltens ergeben oder die Freisetzung einer tiefgehegten Angst oder sogar körperliche Heilung.

Vergeben ist eine andere göttliche Eigenschaft, die negative Blockierungen auflöst und umwandelt. Daraus entstehen emotionale, verhaltensmäßige und physische Heilungen für den Gebenden wie für den Empfangenden.

Schenkst du liebevoll und mit offenem Herzen deinen letzten Bissen Nahrung einem hungernden Bettler, dann gewährst du ihm Gnade. Die Nahrung enthält mehr als nur Kalorien. Sie enthält göttliche Liebe und wird ihn auf einer höheren Ebene ernähren als die Nahrung allein.

*Gnade erlaubt Heilungen, weil die hochfrequenten Schwingungen der Liebe die niedrigeren Schwingungen von Schmerzen und Angst umwandeln.*

Wir können durch unser Verhalten Karma erzeugen. Alle üblen Gefühle und Streitigkeiten sind die karmischen Konsequenzen egoistischer Verhaltensweisen.

Felicitas beklagte sich, ihr ehemaliger Ehemann benehme sich stets abscheulich. Eines Tages sagte ihr Freund zu ihr: »Das liegt an dir. Du begrüßt ihn mürrisch und sagst üble Dinge über ihn.« Sie war zunächst verblüfft und verärgert. Den ganzen Tag lang dachte sie darüber nach und erkannte, daß ihr Freund recht hatte. Sie war wirklich abscheulich zu ihrem Exehemann. Also setzte sie sich hin und versuchte zu verstehen, woher das alles kam. Dann schrieb sie ihm einen langen Brief, in dem sie ihr Bedauern über ihr Verhalten bei der Scheidung aussprach und ihm alles vergab, was er ihr angetan hatte. Zwei Tage später besuchte er sie in ihrem Haus und war absolut charmant und freundlich. Er versuchte bei der Einigung über das Sorgerecht für die Kinder so hilfreich wie möglich zu sein. Eine totale Verwandlung hatte stattgefunden. Interessant an der Sache war, daß Felicitas den Brief niemals in die Post gegeben hatte. Er spürte die Änderung in ihrem Verhalten und reagierte darauf. Ihr Vergeben und ihr Verständnis boten der ganzen Familie Gnade. Jedermann fühlte sich glücklicher.

Bist du bereit, Verständnis und Mitgefühl zu empfinden oder zu vergeben, dann führen die Engel dich zu jemandem, der helfen kann, dein Karma aufzulösen. Das kann ein Therapeut, ein Naturheilkundiger, ein Chiropraktiker, ein allopathischer Arzt oder ein Heiler sein. Es kann der Nachbar sein oder jemand, der Worte der Weisheit spricht. Es kann ein Buch sein oder eine Fernsehshow, die dein Verhalten total verwandeln. In dem Augenblick, in dem du dazu bereit bist, wird man dich an einen Ort führen, an dem du heil werden kannst.

Manchmal werde ich gefragt, ob Ärzte und Naturheilkundige daran arbeiten, ihr eigenes Karma zu begleichen, oder ob sie ihre karmischen Wiedergutmachungen geleistet haben und jetzt anderen Gnade erweisen. Menschen werden oft von einem ganz bestimmten Heilberuf angezogen, weil es um ihre eigene Heilung geht oder um es ihnen zu ermöglichen, ihr eigenes Karma zu vollenden. Es ist das großzügige Anbieten ihrer Fähigkeiten, was ihr Karma verwandelt und zugleich anderen Gnade anbietet. Ich möchte jedoch annehmen, daß viele Angehörige in Fürsorge- und Heilberufen heute einfach nur Gnade gewähren.

*Heiler sind Kanäle, durch die hochfrequente Schwingungen fließen. Sie sind Instrumente der Gnade.*

Engel arbeiten mit Gnade; sie flüstern uns ständig zu, etwas zu denken, zu tun oder zu sagen, was unser Karma auflöst. Sie versuchen uns zu helfen, anderen zu vergeben oder Entscheidungen zu unserem höchsten Guten zu treffen.

Es war uns auch früher stets möglich, die *Quelle* um die Gnade zu bitten, unsere Sünden zu vergeben und das aufzulösen, was wir noch an karmischer Schuld mit uns herumtragen. Heute jedoch leben wir in einer unglaublichen Zeit der Evolution unserer Seelen – es findet zur Zeit nämlich eine »göttliche Amnestie« statt. Das bedeutet, daß Gnade heute leichter gewährt wird als früher. Nichtsdestoweniger müssen wir bereit sein, sie zu empfangen. Wenn du also alles Erdenkliche getan hast, um eine Situation oder die Probleme in einer Beziehung aufzulösen, dann bitte das Göttliche um eine Gnade, und sie könnte dir gewährt werden. Du kannst dazu beitragen, diesem Planeten Gnade zu bringen.

Je weiter du dein Herz öffnest, um Fremde willkommen zu heißen, Ärger hinter dir zu lassen oder für Kranke und Altersschwache zu sorgen, desto mehr Gnade strömt dem Planeten zu. Jedesmal, wenn du für einen anderen betest oder jemandem durch Liebe hilfst, wird der Planet stärker mit Licht erfüllt.

*Gib und empfange Gnade,*
*welche das göttliche Erbarmen ist,*
*das die Menschen frei macht.*

# Kapitel 36
# Das Gesetz der Eins

Fliegt man über den Wolken, dann herrscht dort nur strahlender Sonnenschein. Unter den Wolken gibt es Schatten und Licht. Im Himmel ist nur Licht. Auf Erden erleben wir Dunkelheit und Licht. Das ist die Dualität, die aus dem freien Willen kommt, den wir auf Erden erleben. Jenseits der fünften Dimension aber herrscht nur Licht: Wo immer wir uns befinden, ist alles vollkommen. Alles ist Gott, und wir alle sind ein Teil Gottes. Dualität ist nur eine Lernerfahrung, die unser Licht ausweiten soll.

Ist ein sich innig liebendes Ehepaar durch physische Entfernung getrennt, dann gibt es in Wirklichkeit keine Trennung. Jeder Gedanke und jedes Sehnen verbindet sie. Das Leben bietet uns die Illusion, daß wir von Gott getrennt sind, damit wir lernen können, wie wahrhaft eins wir in Wirklichkeit sind.

---

*In der fünften Dimension gibt es nur ein spirituelles Gesetz.*
*Wir sind alle eins. Wir sind alle Teil von Gott.*

---

Das bedeutet, daß ich ein Christ, ein Hindu, ein Buddhist, ein Muslim, ein Jude, ein Sikh bin.

Ich bin schwarz, braun, gelb, weiß.

Ich bin männlich und weiblich.
Ich bin homosexuell, heterosexuell.
Ich bin Tier, Pflanze, Mineral.
Ich bin reich. Ich bin arm.
Ich bin menschlich. Ich bin göttlich.

---

*Es gibt keine Trennung. Alles ist eins.*

---

Man stelle sich einen Teppich von außergewöhnlichem, ausgeklügeltem Design und leuchtenden Farben vor. Die Fäden sind alle aus demselben Material, doch die Farben sind unterschiedlich. Jede Farbe spielt ihre Rolle. Dunkles hebt das Helle hervor. Es sind die Unterschiede der Farben und der Struktur des Gewebes, die den Teppich des Lebens so aufregend gestalten.

Du bist ein wichtiger Faden in diesem Teppich, ein Teil des Ganzen. Ein dreidimensionales Wesen fürchtet die Unterschiede zwischen den Rassen und den Geschlechtern und der Gesamtheit der Schöpfung. Wenn du weißt, daß wir alle eins sind, dann zollst du den Unterschieden Achtung.

In der fünften Dimension lautet das Gesetz: »Handle so, wie du selbst behandelt werden möchtest.« Wird ein Faden des Teppichs beschädigt, dann ist das Ganze in Mitleidenschaft gezogen. Wird ein Faden verschönert, dann wird das Ganze verschönert. Was auch immer du für einen anderen tust, tust du letzten Endes für dich selbst.

Bevor du etwas unternimmst, halte einen Augenblick inne und frage dich: »Wie würde ich mich fühlen, wenn mir das geschähe?« Vielleicht möchtest du dann einen anderen Weg wählen.

Möchtest du, daß jemand das Stückchen Abfall in deinem Vorgarten aufhebt, dann heb das Bonbonpapier auf, das der Wind in den Vorgarten des Nachbarn geweht hat.

Ich renovierte einmal mein Haus und steckte viel Geld und Mühen hinein. Zu meiner Tochter Laura, die eine sehr weise Seele ist, sagte ich damals: »Ich könnte wetten, daß ich nun bald in ein anderes Haus umziehe.«

Sie antwortete: »Ganz bestimmt möchtest du dein Haus so verlassen, wie du dein nächstes Heim vorfinden möchtest.«

Sie hatte vollkommen recht. Ich dankte ihr für diesen Hinweis. Danach genoß ich es wirklich, mein Heim zu verschönern, im Gedenken daran, daß alles, was ich für mich selbst tue, von mir für das Ganze getan wird.

Jedermann befindet sich auf seinem eigenen Pfad zur *Quelle*. Wer sind wir, daß wir glauben, über den Weg urteilen zu können, den ein anderer einschlägt? Unsere Aufgabe ist es, unser Bestes zu tun. Wir müssen jedoch auch unsere eigene Menschlichkeit erkennen und achten. Solange wir uns auf der irdischen Ebene befinden, können wir wohl kaum vollkommen sein.

Kritisiert man ständig ein Kind und findet Fehler an ihm, dann wird man niemals seine Großartigkeit erfahren. Beschimpft man wiederholt einen Hund, so wird er eine elende Kreatur werden. Bist du allzu selbstkritisch, dann wird dein Licht weniger hell strahlen, als es könnte. Wenn man alle Kreaturen akzeptiert und das Göttliche in ihnen achtet, dann werden sie aufblühen, und du auch.

Wie alle strebenden spirituellen Wesen strebe ich es an, zu leben, was ich sage, und mache dabei unvermeidlich Fehler. Ich erinnere mich, darüber bei Gelegenheit mit meinem Führer gesprochen zu haben. Er sagte: »Du kritisierst dich ständig selbst und fühlst dich schlecht, wenn du etwas lehrst, was du in deinem Leben noch nicht verkörpert hast. Wir sagen dir, daß es der Teil von dir ist, der die Lektion gemeistert hat, der die Lehre weitergibt. Entspanne dich, und sei nett zu dir selbst.«

*Das Gesetz des Einsseins verlangt, daß man jeden und alles so nimmt, wie sie sind, ohne zu urteilen. Das schließt dich selbst ein.*

Die Schutzwälle, die wir aufbauen, um uns selbst zu verteidigen, hindern uns daran, mit den anderen eins zu sein. Einer solcherart »verbarrikadierten« Person kann man niemals nahekommen. Erst wenn jemand etwas von sich selbst mitteilt, fühlt man sich nahe.

Wir sind aufgefordert, die uns trennenden Schranken jetzt niederzureißen, denn ebenso weit, wie wir von anderen abgeschottet sind, sind wir auch von Gott getrennt.

Dogmen schaffen starre Konstrukte und Mauern. Sie sind ein Teil des Alten Zeitalters, das sich jetzt dem Ende nähert.

Geheimnisse halten uns hinter Mauern. Zum jetzigen Zeitpunkt tauchen die Leichen im Keller auf. Es ist schon seltsam, daß unsere eigenen Geheimnisse uns so furchtbar erscheinen. Jemand anderem erscheinen sie gar nicht so schlimm. Ein mitgeteiltes Geheimnis ist eine niedergerissene Wand.

Du bist das Licht der Welt. Nichts kann das Wunder deines Lichts verringern. Doch Mauern können es verstecken. Suche dein eigenes Licht im Innern, und schaue nach dem Licht in anderen.

*Wenn wir eins sind,*
*dann brauchen wir keine Mauern, die uns trennen.*

In der neuen Spiritualität geht es darum, Brücken zu bauen. Leben wir nach dem Gesetz des Einsseins, dann bauen wir Brücken, indem wir nach den Gemeinsamkeiten suchen bei Religionen, Völkern und bei Disputen.

Wenn man irgendeinen Teil der Schöpfung Gottes verletzt, so verletzt man sich selbst und auch Gott. Tiere, Insekten, Bäume und Pflanzen sind ebenso wie du dazu eingeladen, auf dieser Erde zu lernen. Alle lernen und entwickeln sich weiter. Sie sind schließlich unsere jüngeren Verwandten. Wenn du die Erde verunreinigst, schadest du der ganzen Schöpfung.

Doch hast du Anspruch auf deinen Lebensraum, genauso wie ein Tier Anspruch auf sein Territorium hat. Wenn also deine Küche von Ameisen heimgesucht wird, was tust du dann? Zunächst sprich zum höheren Selbst oder der Überseele der Ameisen und erinnere sie daran, daß dies dein Territorium ist. Fordere sie auf, sich zu einem Baumstamm im Garten oder einem Baum vor dem Haus zu begeben, wo sie sicher sind. Ignorieren sie zwei Warnungen, dann sage ihnen, daß du sie zum Licht zurückführen wirst, wenn sie deinen Raum nicht achten. Sind sie außerhalb des Hauses, dann hast du nicht das Recht, sie zu töten.

Achte Bäume und Pflanzen, indem du ihnen durch einen Gedanken sagst, daß du sie jetzt beschneiden willst. Handle in der Absicht, nicht verletzen zu wollen.

Verstehst du das Gesetz des Einsseins, dann akzeptierst du deine eigene Göttlichkeit. Du beginnst auf deine Intuition zu hören, statt Antworten draußen zu suchen. Du wirst zum Mitschöpfer mit Gott.

Auf Erden neigen wir dazu, gut und schlecht, dunkel und hell zu trennen. Und dennoch dient Dunkelheit dem Licht. Sie ist dein Diener und dein Lehrer. Erkennst du das, dann bewegst du dich über die Dualität hinaus zum Einssein.

Eine Mutter, die ihr Kind liebt, hilft ihm aufzuwachsen. Sie weiß, daß es im Kind einen embryonalen Erwachsenen gibt, der lediglich Erfahrungen sammeln und wachsen muß, um den Status der Reife zu erlangen. Genau wie dieses Kind bist auch du hier, um Erfahrungen zu sammeln und zu wachsen. Dein Geist ist göttlich und zeigt dir den Weg wie die Mutter.

*Einssein heißt, die eigene Göttlichkeit zu akzeptieren.*

*Es gibt nur Eins.*
*Das ist Gott.*
*Das bist auch du.*

*Das Basisbuch*
*über die*
*himmlischen Helfer*

**Diana Cooper**
**Der Engel-Ratgeber**

144 Seiten
ISBN 3-7787-7030-6

*Ansata*